Diogenes Taschenbuch 20116

W0065510

Andrej Sacharow
Wie ich mir die Zukunft vorstelle

Gedanken über Fortschritt,
friedliche Koexistenz
und geistige Freiheit
Mit einem Nachwort von
Max Frisch
und den Antworten an Sacharow von
Jean Laloy, Pietro Quaroni,
William Hayter, Louis Fischer und
Heinrich Böll

Diogenes

ANDREJ SACHAROW
WIE ICH MIR DIE ZUKUNFT VORSTELLE
Aus dem Russischen von E. Guttenberger
Unveränderter Nachdruck der 1968 im Diogenes Verlag
erschienenen Einzelausgabe
Alle Anmerkungen stammen, soweit nicht anders
gekennzeichnet, vom Verfasser
Copyright © 1968 by Possev-Verlag, V. Gorachek KG,
Frankfurt am Main, und Diogenes Verlag AG, Zürich

ANTWORT AN SACHAROW
Unveränderter Nachdruck des 1969 im Diogenes Verlag
erschienenen Sammelbandes
Die einzelnen Aufsätze erschienen als Serie
vom 10. Januar bis 7. Februar 1969 in der Hamburger
Wochenzeitung DIE ZEIT
Copyright © 1969 by DIE ZEIT, Hamburg,
und Diogenes Verlag AG, Zürich

Diogenes Verlag AG Zürich, 1973
60/82/8/3
ISBN 3 257 20116 8

Inhalt

Nur der verdient sich Freiheit wie das Leben,
Der täglich sie erobern muß!

GOETHE

Einführende Worte des Verfassers

Die Ansichten des Verfassers haben sich im Milieu der wissenschaftlichen und technologischen Intelligenz gebildet, wo über Grundsätze und konkrete Fragen der Außen- und Innenpolitik und über die Zukunft der Menschheit große Besorgnis herrscht. Diese Besorgnis wird vor allem dadurch wachgehalten, daß innerhalb von Politik, Wirtschaft, Kunst, Erziehung und Wehrwesen die Methode einer Führung durch die Wissenschaft noch immer nicht angewandt wird. Als ›wissenschaftlich‹ betrachten wir eine Methode, die auf der grundlegenden Erforschung von Tatsachen, Theorien und Ansichten beruht und eine unvoreingenommene, in ihren Forderungen leidenschaftslose offene Diskussion voraussetzt. Die Komplexität und Vielschichtigkeit aller Erscheinungen des modernen Lebens, die großen, mit der wissenschaftlich-technischen Revolution und einer Anzahl öffentlich-sozialer Tendenzen verbundenen Möglichkeiten und Gefahren fordern entschieden gerade ein solches Verhalten, was auch durch eine Reihe offizieller Äußerungen bestätigt wird.

In dieser, dem Leser zur Diskussion vorgelegten Niederschrift hat sich der Verfasser das Ziel gesetzt, mit der ihm zur Verfügung stehenden Überzeugungskraft und möglichen Offenheit zwei Thesen aufzustellen, die die Meinung von sehr vielen Menschen in der ganzen Welt ausdrücken:

1. Die Uneinigkeit der Menschheit bedroht sie mit Zerstörung. Die Zivilisation ist gefährdet: durch einen allgemeinen thermonuklearen Krieg; durch Hungerkatastrophen innerhalb des größten Teils der Erdbevölkerung; durch Verdummung im Narkosezustand der ›Massenkultur‹ und in der Zwangsjacke des bürokratisierten Dogmatismus; durch Verbreitung von Massenlegenden, die ganze Völker und Kontinente unter die Gewalt grausamer und heimtückischer Demagogen bringen, und durch Zerstörung und Degeneration, hervorgerufen von unvorhergesehenen Folgen schneller Änderung der Lebensbedingungen auf unserem Planeten.

Angesichts dieser Gefahren ist jede Handlung, die die Spaltung der Menschheit fördert, jedes Predigen der Unvereinbarkeit der Weltideologien[1] und der Nationen Irrsinn und Verbrechen. Nur weltumfassende Zusammenarbeit unter der Bedingung geistiger Freiheit, hoher moralischer Ideale von Sozialismus und Arbeit und die Beseitigung von Dogmatismus und Druck, ausgeübt von den versteckten Interessen der herrschenden Klassen, entspricht den Interessen der Wahrung der Zivilisation.

Millionen in der ganzen Welt streben danach, die Armut zu beseitigen; sie hassen Unterdrükkung, Dogmatismus und Demagogie und ihre extremen Äußerungen: Rassismus, Faschismus, Stalinismus und Maoismus. Sie glauben an einen Fortschritt durch die Anwendung der von der ganzen Menschheit gesammelten positiven Erfahrungen im Rahmen sozialer Gerechtigkeit und geistiger Freiheit.

[1] Der Leser wird verstehen, daß hier nicht die Rede von einer Zusammenarbeit mit jenen fanatischen, sektiererischen und extremistischen Ideologien ist, die jede Möglichkeit von Annäherung, Diskussion und Kompromiß ablehnen, zum Beispiel mit den Ideologien faschistischer, rassistischer, militärischer oder maoistischer Demagogie.

2. Die zweite grundlegende These besagt, daß die Menschheit unbedingt geistige Freiheit braucht; die Freiheit, Informationen zu erhalten und zu verbreiten, die Freiheit unvoreingenommener und furchtloser Debatte, Freiheit von dem Druck durch Autorität und Vorurteile. Eine solche Freiheit des Denkens ist die einzige Garantie gegen die Infektion des Volkes durch Massenlegenden, die in den Händen arglistiger Heuchler und Demagogen leicht zu blutiger Diktatur werden können.

In der modernen Gesellschaft ist jedoch die Gedankenfreiheit auf dreifache Weise gefährdet: durch das gezielte Opium der Massenkultur, durch die feige und egoistische kleinbürgerliche Ideologie und durch den verkalkten Dogmatismus bürokratischer Oligarchie und deren Lieblingswaffe, die ideologische Zensur. Die Gedankenfreiheit bedarf daher der Verteidigung durch alle denkenden und aufrichtigen Menschen. Dies ist eine Aufgabe nicht nur für die Intelligenz, sondern für alle Gesellschaftsschichten, besonders für die aktivste und am besten organisierte Schicht – die Arbeiterklasse. Die weltweiten Gefahren des Krieges, des Hungers, des Personenkults und des Bürokratismus sind Gefahren, denen die ganze Menschheit ausgesetzt ist.

Das Erkennen der Gemeinsamkeit ihrer Interessen durch die Arbeiterklasse und die Intelligenz ist eine bemerkenswerte Erscheinung unserer Zeit. Man kann sagen, daß der fortschrittlichste, internationalste und selbstloseste Teil der Intelligenz seinem Wesen nach einen Teil der Arbeiterklasse ausmacht, während die führende, gebildete und internationale Arbeiterschicht, die von dem Kleinbürgertum am weitesten entfernt ist, gleichzeitig einen Teil der Intelligenz darstellt.[1]

Diese Broschüre haben wir in zwei Abschnitte geteilt. Dem ersten Teil geben wir die Überschrift

---

[1] Diese Stellung der Intelligenz innerhalb der Gesellschaft macht die lauten Forderungen, sie möge ihre Bestrebungen dem Willen und den Interessen der Arbeiterklasse unterordnen, wie sie in der UdSSR, Polen und anderen sozialistischen Ländern erhoben werden, sinnlos. In Wahrheit ist mit diesen Forderungen das Unterordnen unter den Willen der Partei oder, noch konkreter, ihres zentralen Apparates, seiner Funktionäre, gemeint. Wo aber ist die Garantie dafür, daß diese Funktionäre immer die wahren Interessen der Arbeiterklasse im ganzen vertreten, die wahren Interessen des Fortschritts und nicht die ihrer Kaste?

›Gefahren‹, dem zweiten ›Die Begründung der Hoffnung‹.

Die Broschüre trägt diskussionsartigen Charakter, läßt an vielen Stellen Meinungsverschiedenheiten zu und fordert zur Äußerung von Ansichten und zu Streitgesprächen auf.

Gefahren

Bedrohung durch den thermo-
nuklearen Krieg

Drei technische Aspekte der thermonuklearen Waffen haben den Atomkrieg zur Bedrohung des Fortbestehens der Zivilisation gemacht. Das ist die enorme Zerstörungskraft einer Atomexplosion, die verhältnismäßig billige Produktion von Atomwaffen und die praktische Unmöglichkeit wirksamer Verteidigung gegen einen massiven thermonuklearen Angriff.

Heute kann man einen thermonuklearen Sprengkopf von drei Tonnen als › typisch ‹ bezeichnen. Er stellt etwa die Mitte zwischen dem Sprengkopf einer MINUTEMAN und einer TITAN II dar. Die Feuerzone bei der Explosion eines solchen Sprengkopfes ist 150mal und die Zerstörungszone 30mal größer als die der Hiroshima-Bombe. Bei der Explosion einer solchen Bombe über einer Stadt wird ein Gebiet von 100 Quadratkilometern von Bränden befallen und völlig zerstört, viele Millionen Quadratmeter Wohnfläche werden vernichtet, nicht weniger als eine Million Menschen unter zusammenbrechenden Gebäuden begraben, durch Radiation vernichtet, durch Rauch erstickt. Der radioaktive Staub wird die Gefahr todbringender Bestrahlung über eine Fläche von Zehntausenden von Quadratkilometern ausbreiten.

Zu den Kosten und der möglichen Anzahl von Explosionen sei Folgendes gesagt:

Nachdem das Stadium der Versuche und Forschungen vorbei ist, erweist sich die Massenproduktion von thermonuklearen Waffen und Trägerraketen als nicht komplizierter und teurer als zum Beispiel die Herstellung von Militärflugzeugen, die während des Krieges zu Zehntausenden fabriziert wurden.

Die Jahresproduktion von Plutonium in der Welt beläuft sich heute auf Zehntausende von Tonnen. Wenn man annimmt, daß die Hälfte dieser Produktion für militärische Zwecke verwendet wird und daß für einen Sprengkopf durchschnittlich nur einige Kilogramm Plutonium gebraucht werden, wird klar, daß heute bereits genügend

Sprengköpfe vorhanden sind, um die gesamte Menschheit mehrmals zu vernichten.

Als dritten technischen Aspekt atomarer Bedrohung (neben der Zerstörungskraft und der Billigkeit der Sprengköpfe) bezeichnen wir die praktische Unmöglichkeit, einen massiven Raketenangriff abzuwehren. Den Fachleuten ist diese Lage wohlbekannt; siehe z. B. die populär-wissenschaftliche Literatur, den kürzlich erschienenen Artikel von R. L. Garwin und H. A. Bethe im ›Scientific American‹, Heft 3, 1968.

Die Technik und Taktik des Angriffs haben heute die Verteidigungstaktik weit übertroffen, trotz der Entwicklung sehr manövrierfähiger und starker Antiraketen mit nuklearen Sprengköpfen und trotz anderer technischer Ideen (z. B. die Anwendung von Laserstrahlen usw.).

Die Erhöhung der Widerstandskraft von Sprengköpfen gegen Schockwellen und gegen Einwirkungen von Neutronen- und Röntgenstrahlen, die Möglichkeit des Masseneinsatzes von verhältnismäßig leichten und billigen ›Täuschungskörpern‹, die von echten Sprengköpfen fast nicht zu unterscheiden sind und technische Mittel der Raketenabwehr des Gegners verbrauchen, die räumliche und zeitliche Vervollkommnung der Taktik massiver und konzentrierter thermonuklearer Angriffe, die die Kontrollfähigkeit der Feststellungs-, Anpeilungs- und Berechnungsstellen der Abwehr übersteigen, die Ausnutzung der Raum- und Flach-Flugbahn beim Angriff sowie aktiver und passiver Störungen und eine Reihe anderer, in der Literatur vorerst noch nicht erhellter Methoden – all dies hat gegen die Errichtung einer wirksamen Raketenabwehr technische und wirtschaftliche Hindernisse erstehen lassen, die zur Zeit praktisch unüberwindlich sind.[1]

Eine Ausnahme wäre nur gegeben, wenn zwischen dem technisch-wirtschaftlichen Potential zweier Feinde ein sehr großer Unterschied bestünde. In einem solchen Fall würde die stärkere

[1] Die Erfahrung vergangener Kriege zeigt in vielen Fällen, daß die erste Anwendung einer neuen technischen oder taktischen Angriffsmethode gewöhnlich sehr wirksam ist, selbst wenn es bald gelingt, ein einfaches Gegenmittel zu finden. Im Falle eines Atomkrieges aber kann schon die erste Anwendung entscheidend sein und die Ergebnisse jahrelanger Arbeit sowie vielmilliardenhohe Ausgaben für Raketenabwehr zunichte machen.

Seite, nachdem sie ein Raketenabwehrsystem mit vielfacher Absicherung geschaffen hätte, der Versuchung gegenüberstehen, die gefährliche Ungewißheit des Gleichgewichts für immer zu beseitigen, indem sie sich auf das Abenteuer eines Präventivangriffs einläßt und dabei einen Teil ihres Angriffspotentials auf die Vernichtung des größten Teiles der Raketenabschußbasen des Feindes verwendet, wobei sie auf der letzten Stufe der Eskalation straflos auszugehen hofft, d. h. bei Vernichtung der feindlichen Städte und der Industrie mit Vergeltung nicht mehr zu rechnen braucht.

Zum Glück für die Stabilität der Welt ist der Unterschied zwischen dem technisch-wirtschaftlichen Potential der UdSSR und dem der Vereinigten Staaten nicht so groß, daß für eine dieser beiden Seiten eine solche Präventivaggression nicht mit dem beinahe unabwendbaren Risiko eines vernichtenden Gegenschlages verbunden wäre. Und diese Situation wird sich bei einer Intensivierung des Rüstungswettlaufs um die Entwicklung von Raketenabwehrsystemen auch nicht ändern. Nach der Meinung vieler Menschen (darunter auch der des Verfassers) würde eine diplomatische Formulierung dieser von beiden Seiten anerkannten Situation (zum Beispiel in Form eines Moratoriums über den Ausbau der Raketen-Abwehr) eine nützliche Demonstration des Wunsches der USA und der UdSSR sein, den Status quo zu bewahren und den Rüstungswettlauf um die unsinnig kostspieligen Raketenabwehrsysteme nicht noch zu verstärken. Es wäre der Beweis des Wunsches, zusammenzuarbeiten und nicht gegeneinander zu kämpfen.

Ein Atomkrieg kann nicht mehr als eine Fortsetzung der Politik mit kriegerischen Mitteln (nach der Formulierung von Clausewitz) betrachtet werden; er ist das Selbstmordmittel für die ganze Welt.[1]

---

[1] Es gibt zwei Versuche, den Atomkrieg in den Augen öffentlicher Meinung als ›gewöhnliche‹ politische Handlung darzustellen. Das ist erstens die Konzeption des ›Papiertigers‹, die Konzeption verantwortungsloser maoistischer Abenteurer; zweitens ist es die von wissenschaftlich-militärischen Kreisen in den USA ausgearbeitete strategische Doktrin der Eskalation. Ohne den Ernst der Aufforderung, den diese Doktrin enthält, verkleinern zu wollen, begnügen wir uns hier mit der Bemerkung, daß das reale Gegengewicht gegen diese Doktrin die politische Strategie friedlicher Koexistenz ist.

Völlige Vernichtung von Städten, Industrie, Transport, das Ende des Erziehungswesens, die Vergiftung von Äckern, Wasser und Luft durch Radioaktivität, physische Zerstörung des größten Teils der Menschheit, Armut, Barbarei, Verwilderung und genetische Degeneration der Übriggebliebenen unter der Wirkung der Radioaktivität, Vernichtung der materiellen und geistigen Grundlage der Zivilisation – das ist das Ausmaß der Gefahr, vor die die Welt durch Uneinigkeit der zwei Welt-Supermächte gestellt wird.

Jedes vernünftige Wesen, das sich plötzlich am Rande eines Abgrundes sieht, versucht vor allem, vom Rand zurückzutreten, und denkt dann erst an die Befriedigung aller anderen Bedürfnisse. *Für die Menschheit wäre das Zurücktreten vom Rand des Abgrunds die Überwindung der Uneinigkeit.*

Ein unumgänglich nötiger Schritt auf diesem Wege wäre die Revision der traditionellen Methode der internationalen Politik, die man »empirisch-konjunkturell« nennen könnte. Einfach gesagt, ist das die Methode maximaler Verbesserung der eigenen Position überall dort, wo das möglich ist, und gleichzeitig der größtmöglichen Schadenzufügung für die widerstrebenden Kräfte ohne Rücksicht auf allgemeines Wohl und allgemeine Interessen.

Wäre Politik ein Spiel zweier Gegner, so wäre dies die einzig richtige Methode. Wozu aber führt eine solche Methode in der heutigen präzedenzlosen Lage?

In Vietnam können die Kräfte der Reaktion nicht mit dem von ihnen erhofften Ergebnis einer Willensäußerung des Volkes rechnen, und sie wenden die Macht militärischen Druckes an, verletzen alle gesetzlichen und moralischen Normen, begehen schamlose Verbrechen gegen die Menschlichkeit. Ein ganzes Volk wird der angenommenen Aufgabe geopfert, die › kommunistische Flut ‹ aufzuhalten.

Vor dem amerikanischen Volk versucht man die Rolle, die Prestigefragen von Partei und Einzelpersonen spielen, und den Zynismus, die Grausamkeit, Aussichtslosigkeit und Wirkungslosigkeit der antikommunistischen Aufgaben der amerikanischen Politik in Vietnam zu verbergen, sowie den Schaden dieses Krieges für die wahren Ziele des amerikanischen Volkes, die ja mit den allgemein menschlichen Aufgaben der Festigung friedlicher Koexistenz zusammenfallen.

Die Beendigung des Krieges in Vietnam wäre vor allem eine Rettung der dort umkommenden Menschen, aber es wäre auch die Rettung des Friedens in der ganzen Welt. Nichts untergräbt die Möglichkeit friedlicher Koexistenz mehr als die Fortsetzung des Vietnam-Krieges.

Ein weiteres tragisches Beispiel ist der Nahe Osten. Wenn in Vietnam die unmittelbarste Verantwortung auf den Vereinigten Staaten liegt, so fällt eine mittelbare Verantwortung im Falle des Nahen Ostens sowohl auf die USA als auch auf die UdSSR und 1948 und 1956 auch auf Großbritannien. Einerseits wurde dort verantwortungslos die sogenannte arabische Einheit ermutigt (die in keiner Weise sozialistischen Charakter trägt – man denke nur an Jordanien –, sondern rein nationalistisch, antiisraelisch ist), wobei behauptet wurde, daß der Kampf der Araber im wesentlichen antiimperialistisch sei, andererseits fand eine ebenso verantwortungslose Unterstützung israelischer Extremisten statt.

Wir können hier nicht die ganze widerspruchsvolle und tragische Geschichte der letzten 20 Jahre analysieren, während der die Araber und auch die Israelis neben historisch gerechtfertigten Handlungen sehr verurteilenswerte Aktionen unternahmen, die oft auch durch die Unternehmungen außenstehender Mächte bedingt waren. So führte Israel 1948 einen Verteidigungskrieg, während 1956 die Handlungen Israels zu verurteilen sind. Die Gerechtigkeit des Präventivkrieges von › sechs Tagen ‹ gegen die drohende Gefahr, durch die erbarmungslose, vielfach stärkere Macht der arabischen Koalition vernichtet zu werden, muß anerkannt, die Grausamkeit gegen die Flüchtlinge und Kriegsgefangenen aber, ebenso wie die gesetzlose Bestrebung, territoriale Streitigkeiten durch militärische Methoden zu lösen, muß verurteilt werden. Trotz dieser Verurteilung ist der Abbruch der Beziehungen zu Israel ein Fehler, der die friedliche Regelung in diesem Gebiet und die erforderliche diplomatische Anerkennung Israels durch die arabischen Staaten erschwert.

Entsprechender Art ist die Entstehung von Schwierigkeiten und internationaler Angespanntheit in der deutschen Frage und an anderen Stellen.

Unserer Meinung nach ist es erforderlich, bestimmte Veränderungen innerhalb des Prinzips der internationalen Politik vorzunehmen, wobei alle konkreten Ziele und regionalen Aufgaben der Grundaufgabe der aktiven Vorbeugung gegen eine Verschärfung der internationalen Lage konsequent untergeordnet werden müßten. Aktive Durchführung und Vertiefung der Politik friedlicher Koexistenz bis zur Erreichung einer Zusammenarbeit, eine Planung der Politik in der Art, daß ihre nächsten und fernliegenden Folgen die internationale Lage nicht verschärfen und bei keiner der Seiten solche Schwierigkeiten hervorrufen, die wiederum eine Verstärkung der Macht der Reaktion, des Militarismus, Nationalismus, Faschismus und Revanchismus bewirken, wären die Erfordernisse dieser Politik.

Die internationale Politik muß mit wissenschaftlicher Methodik und demokratischem Geist erfüllt sein, muß das Bestreben haben, alle Tatsachen, Ansichten und Theorien furchtlos zu berücksichtigen, muß ihre exakt formulierten Haupt- und Zwischenziele der Öffentlichkeit bekanntgeben und in prinzipieller Folgerichtigkeit verfahren.

Die internationale Politik der zwei führenden Supermächte der Welt (USA und UdSSR) muß auf der allseitigen Anwendung von einheitlichen gemeinsamen Prinzipien basieren, die wir zunächst wie folgt formulieren würden:

1. Alle Völker haben das Recht, ihr eigenes Schicksal durch freie Willensäußerung zu bestimmen. Dieses Recht wird garantiert durch internationale Kontrolle der Beachtung der ›Deklaration der Menschenrechte‹ seitens aller Regierungen. Die internationale Kontrolle sieht zum Schutz der Menschenrechte sowohl die Anwendung wirtschaftlicher Sanktionen als auch den Einsatz von Streitkräften der Vereinten Nationen vor.

2. Alle militärischen und militär-wirtschaftlichen Formen des Exports von Revolution und Gegenrevolution sind ungesetzlich und gleichbedeutend mit Aggression.

3. Alle Länder streben nach gegenseitiger Hilfe auf wirtschaftlichem, kulturellem und allgemein organisatorischem Gebiet zum Zweck einer konfliktlosen Beseitigung innerstaatlicher und inter-

nationaler Schwierigkeiten, um der Verschärfung internationaler Spannung und der Stärkung der Macht der Reaktion vorzubeugen.

4. Die internationale Politik ist nicht darauf gerichtet, etwaige günstige lokale Verhältnisse zur Erweiterung der Einflußzone eines Landes und zur Schaffung von Schwierigkeiten für ein anderes Land auszunutzen. Das Ziel der internationalen Politik ist Sicherung allgemeiner Erfüllung der Forderungen der ›Deklaration der Menschenrechte‹ und Vorbeugung gegen eine Verschärfung der internationalen Lage und die Erhöhung militaristischer und nationalistischer Tendenzen.

Eine solche Politik wäre keinesfalls Verrat am revolutionären und nationalen Befreiungskampf, einem Kampf gegen Reaktion und Gegenrevolution. Im Gegenteil, wenn alle zweifelhaften Fälle beseitigt werden, wird die Möglichkeit entscheidender Handlungen in den extremen Fällen von Reaktion, Rassismus und Militarismus, wo es kein anderes Mittel als ein bewaffnetes Eingreifen gibt, größer. Die Vertiefung friedlicher Koexistenz würde die Möglichkeit erhöhen, solchen tragischen Ereignissen wie in Griechenland und Indonesien vorzubeugen.

Eine solche Politik würde den sowjetischen Streitkräften die exakt begrenzte Aufgabe der Verteidigung unseres Landes und des Landes unserer Verbündeten gegen Aggression stellen. Wie die Geschichte gezeigt hat, sind unser Volk und seine Streitkräfte einig und unbesiegbar, wenn sie ihre Heimat und ihre großen sozialen und kulturellen Errungenschaften verteidigen.

Bedrohung durch den Hunger

Fachleute weisen auf die wachsende Gefahr des Hungers im ›ärmeren Teil‹ der Welt hin. Obwohl während der letzten 30 Jahre das Anwachsen der Erdbevölkerung um 50% mit der gleichzeitigen Erhöhung der Lebensmittelproduktion um 70% verbunden war, war die Bilanz im ärmeren Teil der Welt ungünstig. Die Lage in Indien, Indonesien, in einer Reihe von Ländern Lateinamerikas und in zahlreichen weiteren unterentwickelten Ländern, das Fehlen technisch-wirtschaftlicher Reserven, geschulter Arbeitskräfte und kultureller Geübtheit, soziale Rückständigkeit, hohe Geburtenzahlen, all dies verschlechtert systematisch die Ernährungslage und wird sie zweifellos in den kommenden Jahren noch weiter verschlechtern. Rettung aus dieser Lage wäre großzügige Anwendung von Düngemitteln, Verbesserung des Bewässerungssystems, der Agrartechnik, erweiterte Verwendung der Reserven des Meeres, allmähliche Einführung der jetzt bereits anwendbaren technischen Methoden zur Produktion synthetischer Lebensmittel (vor allem Aminosäuren). Allerdings ist das alles gut und schön für die › Reichen ‹. In den rückständigen Ländern kann eine Verbesserung, wie aus der Untersuchung der jetzigen Situation und aus zu überblickenden Tendenzen hervorgeht, in nächster Zeit und bis zum Eintreten des voraussichtlichen Zeitpunkts der Katastrophe (1975 bis 1980) nicht erreicht werden.

Wir sprechen von einer nach den bestehenden Tendenzen vorauszusehenden Verschärfung der › mittleren ‹ Ernährungslage, bei der die lokalen, gebietsweise und zeitlich begrenzten Lebensmittelkrisen zu einem einzigen Hungermeer zusammenfließen, zu einer Welle von unerträglichen Leiden, Verzweiflung, Vernichtung und Haß Hunderter Millionen von Menschen. Diese Katastrophe bedroht die gesamte Menschheit. Eine Katastrophe von solchem Ausmaß muß in der ganzen Welt, für jeden Menschen, die stärksten Folgen haben, sie wird überall Kriege hervorrufen, allgemeines Absinken des Lebensstandards nach sich ziehen, einen tragischen, zynischen und antikommunistischen Stempel auf das Leben der nachfolgenden Generationen drücken.

Die erste Reaktion eines Philisters, wenn er von dem Problem erfährt, ist: › sie ‹ sind selbst schuld, warum vermehren › sie ‹ sich so schnell! Fraglos ist Geburtenkontrolle sehr wichtig, und in Indien z. B. werden eine Reihe von Maßnahmen in dieser Beziehung unternommen; aber fürs erste bleiben diese Maßnahmen beinahe ergebnislos bei der herrschenden sozialen und wirtschaftlichen Rückständigkeit, der beharrlichen Tradition von Kinderreichtum, dem Fehlen einer Altersversicherung, hoher Kindersterblichkeit in erst jüngster Vergangenheit, der ständigen Bedrohung durch den Hungertod und aus anderen Gründen. Es bleibt offensichtlich nutzlos, in den unterentwickelten Ländern *nur* Geburtenbeschränkungen erreichen zu wollen. Wichtig ist es in erster Linie, ihnen wirtschaftlich und technisch zu helfen; wobei diese Hilfe von solchem Ausmaß, so uneigennützig und umfangreich sein muß, wie sie ganz ausgeschlossen ist, solange die Uneinigkeit und die egoistische und engstirnige Einstellung der Nationen und Rassen gegeneinander weiterbesteht, solange die beiden Supermächte der Welt, die UdSSR und die USA, einander gegenüberstehen wie Rivalen und sogar wie Feinde.

Die sozialen Faktoren spielen eine wichtige Rolle in der tragischen gegenwärtigen und noch tragischeren künftigen Lage der ›armen‹ Gebiete. Man muß jedoch erkennen, daß, wenn die Bedrohung durch den Hunger, gleichzeitig mit dem nationalen Befreiungsstreben, den Hauptgrund für eine ›Agrar‹-Revolution bildet, eine solche ›Agrar‹-Revolution an sich die Gefahr des Hungers nicht beseitigen wird – jedenfalls nicht in naher Zukunft. In der entstandenen Lage kann der drohende Hunger ohne Hilfe der entwickelten Länder nicht beseitigt werden, dies aber fordert eine bedeutende Änderung ihrer Außen- und Innenpolitik.

Zur Zeit sind die weißen Bürger der USA nicht gewillt, zur Beseitigung der ungleichen wirtschaftlichen und kulturellen Lage der schwarzen Staatsbürger, die etwas mehr als 10% der Gesamtbevölkerung ausmachen, auch nur geringfügige Opfer zu bringen. Die psychologische Einstellung der amerikanischen Bürger muß so verändert werden, daß sie freiwillig und uneigennützig, allein für hohe und entfernte Ziele, zur Erhaltung von Zivilisation und Humanität auf unserem Planeten, ihre Regierung und die weltweiten Bestrebungen zur Änderung der Wirtschaftslage, der Technik und des Lebensstandards von Millionen unterstützen. Dies würde natürlich eine bedeutende Verringerung des Tempos der wirtschaftlichen Entwicklung der USA bedeuten.

Ähnliche Änderungen der Volkspsyche und der praktischen Regierungstätigkeit müssen in der UdSSR und in anderen entwickelten Ländern erreicht werden.

Nach Meinung des Verfassers muß in den entwickelten Ländern für die Dauer von etwa 15 Jahren eine Steuer eingeführt werden, die 20% ihres Nationaleinkommens entspricht. Eine solche Maßnahme würde automatisch zu einer bedeutenden Einschränkung der Rüstungsausgaben führen. Diese gemeinsame Leistung würde sich wesentlich auf eine Besserung und Stabilisierung der Lage in den schwächsten Ländern und auf eine Beschränkung des Einflusses aller Art von Extremisten auswirken.

Bei Änderung der Wirtschaftslage in den unterentwickelten Ländern würde sich dort, wie die Erfahrung in den entwickelten Ländern zeigt, auch das Problem des Geburtenüberschusses verhältnismäßig leicht und ohne Anwendung der barbarischen Sterilisationsmethode lösen. Gewisse Änderungen in der Politik, den Ansichten und Traditionen in dieser heiklen Frage sind aber auch in den entwickelten Ländern unausweichlich. Die Menschheit kann sich nur ungestört fortentwickeln, wenn sie sich selbst in demographischem Sinne als eine Einheit betrachtet, als eine Familie, mit nur geschichtlichen und traditionellen Unterschieden.

In der Regierungspolitik, in Familien- und Heiratsgesetzgebung und in der Propaganda sollte daher nicht die Erhöhung der Geburtenzahlen in den entwickelten Ländern gefördert und gleichzeitig ihre Einschränkung in den unterentwickelten, hilfsbedürftigen Ländern verlangt werden. Ein solches Doppelspiel kann nur Bitterkeit und Nationalismus hervorrufen.

Zum Abschluß möchte ich unterstreichen, daß die Frage der Geburtenregelung sehr vielschichtig ist und daß ihre standardartige, dogmatische Lösung ›für alle Zeiten und alle Völker‹ falsch wäre. Überhaupt ist alles Obengesagte eine Zusammenfassung, die Diskussionen offenläßt.

Das Problem der Geohygiene

Wir leben in einer sich rasch verändernden Welt. Die industrielle und hydrotechnische Entwicklung, Abholzung, Nutzbarmachung von Neuland, Anwendung giftiger Chemikalien – all dies ändert auf elementare und unkontrollierte Weise das Gesicht der Welt, unseren Lebensbereich. Die wissenschaftliche Erforschung aller Wechselbeziehungen in der Natur sowie der Folgen unserer Einmischung bleibt hinter dem Tempo der Veränderungen zurück. Große Mengen von schädlichen Industrie- und Transportabfällen werden in die Luft und ins Wasser geschüttet, darunter krebserzeugende Substanzen. Wird nicht die Gefahrengrenze einmal überall überschritten werden, wie es bereits an einigen Stellen geschehen ist? Kohlensäuregas aus Kohlenverbrennung verändert die hitzereflektierenden Eigenschaften der Atmosphäre. Früher oder später wird das bedrohliche Ausmaße annehmen. Aber wir wissen nicht, wann. In der Landwirtschaft verwendete giftige Chemikalien dringen direkt und in Form von veränderten, noch gefährlicheren Stoffen in Menschen- und Tierkörper ein und verursachen große Schäden an Gehirn, Nervensystem und blutbildenden Organen wie Leber usw. Auch hierbei kann die Sicherheitsgrenze leicht überschritten werden. Aber noch ist dieses Problem nicht erforscht, und es ist sehr schwer, alle diese Vorgänge zu überwachen.

Die Verwendung von Antibiotika in der Geflügelzucht fördert die Entwicklung neuer krankheitserregender Mikroben, die gegen Antibiotika resistent sind.

Ich könnte noch das Problem der Beseitigung von Reinigungsmitteln und radioaktivem Abfall, der Erosion und Versalzung des Bodens, der Wiesenüberschwemmung und der Abholzung von Wäldern auf Berghängen und Wäldern, die wasserschützende Bedeutung haben, erwähnen, von der Vernichtung von Vögeln und solchen nützlichen Tieren wie Kröten und Fröschen sowie von vielen anderen Beispielen sinnloser Verheerungen sprechen, die durch örtliche, zeitbedingte amtliche und egoistische Interessen und manchmal sogar durch bürokratische Prestigefragen hervorgerufen werden, wie das in der traurig-berühmten Angelegenheit des Baikal-Sees der Fall war. Die Probleme der Geohygiene sind sehr schwierig und vielfältig, sie sind eng verflochten mit wirtschaftlichen und sozialen Problemen. Ihre Lösung auf nationalem oder gar lokalem Wege ist daher unmöglich. Die Rettung unseres Lebensbereiches fordert nachdrücklich, daß wir die Uneinigkeit überwinden und dem Druck zeitgebundener und lokaler Interessen widerstehen. Sonst wird die Sowjetunion mit ihren Abfällen die Vereinigten Staaten vergiften und umgekehrt. Heute ist das noch eine Über-

treibung, bei dem Anwachsen der Abfälle um 10%
jährlich wird aber die allgemeine Zunahme in 100
Jahren 20000mal größer sein.

Die Gefahr des Rassismus,
Nationalismus, Militarismus und
diktatorischer Regime

Äußerste Gefahr bei der Entwicklung der heutigen
Gesellschaft ist das Anwachsen von Rassismus,
Nationalismus und Militarismus, insbesondere aber
der Aufstieg demagogischer, heuchlerischer und
unglaublich grausamer Polizeiregime. Vor allem
ist das das Regime von Stalin, Hitler und Mao Tse-
tung, sowie eine Reihe äußerst reaktionärer Regime in kleineren Ländern, in Spanien, Portugal,
Südafrika, Griechenland, Albanien, Haiti und
einigen Ländern Südamerikas.

Die Quelle aller dieser tragischen Erscheinungen
war immer der Kampf egoistischer Interessen ein-
zelner Gruppen, ein Kampf um unbeschränkte
Macht durch Unterdrückung geistiger Freiheit,
Verbreitung von massenwirksamen, geistig min-

derwertigen, spießernahen Legenden, wie Rassen-, Blut- und Boden-Mythos, dem Mythos von der jüdischen Gefahr, dem Anti-Intellektualismus, dem Konzept des ›Lebensraumes‹ in Deutschland, der Legende von der Verschärfung des Klassenkampfes und der proletarischen Unfehlbarkeit, angereichert mit dem Stalinkult und durch die Übertreibung der Unversöhnlichkeit zwischen den kapitalistischen Ländern und der Sowjetunion, die Ausstreuung der Legende über Mao Tse-tung, den extremen chinesischen Nationalismus, das Wiedererstehen der Lebensraumfrage, des Anti-Intellektualismus, Anti-Humanismus, durch bestimmte Vorurteile bäuerlichen Sozialismus in China usw.

Die übliche Praxis sind vor allem Demagogie, Einsatz von Sturmabteilungen, Hung-wei-ping im ersten Stadium, und terroristische Bürokratie verläßlicher Kader vom Typ Eichmann, Himmler, Jeshow und Berija auf dem Gipfel der Vergötzung und unbegrenzter Macht. Die Welt wird die Bücherverbrennungen auf den Plätzen deutscher Städte, die hysterischen Hetzreden der faschistischen ›Führer‹ und ihre geheimen Pläne zur Ausrottung und Knechtung ganzer Völker, einschließlich des russischen, nie vergessen. Der Faschismus begann mit der teilweisen Verwirklichung dieser Pläne während des von ihm entfesselten Krieges, indem er Kriegsgefangene und Geiseln tötete, Dörfer niederbrannte, verbrecherische Politik des Völkermords betrieb. Der Hauptschlag richtete sich während des Krieges gegen die Juden, was offenbar auch einen bestimmten provokatorischen Sinn, besonders in der Ukraine und in Polen, hatte.

Wir werden nie die kilometerlangen Gräben, angefüllt mit Leichen, die Gaswagen und Gaskammern, die SS-Schäferhunde und die Folter-Ärzte, die Mengen gepreßter Frauenhaare, Koffer voll Goldzähne und den Dünger aus den ›Erzeugnissen‹ der Todesfabriken vergessen.

Bei der Analyse der Gründe für Hitlers Machtergreifung vergessen wir nicht die Rolle des deutschen und des internationalen Monopolkapitals. Wir vergessen auch nicht die verbrecherisch-sektiererische, dogmatisch beschränkte Politik Stalins und seiner Gefährten, die Sozialisten und Kommunisten gegeneinander hetzte. (Dies ist von Ernst Henri in seinem Brief an Ilja Ehrenburg gut geschildert worden.)

Der Faschismus in Deutschland dauerte zwölf Jahre, der Stalinismus in der Sowjetunion doppelt so lange. Neben sehr vielen gemeinsamen Merkmalen gibt es auch bestimmte Unterschiede. Der Stalinismus zeigte eine raffiniertere Art von Heuchelei und Demagogie, er stützte sich nicht auf eine offene Vernichtungspolitik wie Hitler, sondern auf eine fortschrittliche wissenschaftliche und unter Werktätigen populäre sozialistische Ideologie, die sich als bequeme Abschirmung beim Betrug der Arbeiterschicht, für die Einschläferung der Wachsamkeit der Intelligenz und der Rivalen im Kampf um die Macht gezeigt hat, mit hinterhältiger und überraschender Ausnutzung des Mechanismus der Kettenreaktion von Folterungen, Hinrichtungen und Denunziationen, mit der Einschüchterung und Verdummung von Millionen von Menschen, die in ihrer Mehrzahl durchaus keine Feiglinge und Dummköpfe waren. Eine der Folgen dieser › spezifischen Eigenschaften ‹ des Stalinismus war der entsetzliche Schlag gegen das Sowjetvolk, seine aktivsten, begabtesten und ehrlichsten Vertreter. Nicht weniger als 10–15 Millionen sowjetischer Menschen sind bei Folterungen und Hinrichtungen hinter den Mauern des NKWD umgekommen, in Lagern für verbannte Kulaken (Großbauern), sogenannte Halbkulaken und ihre Familienmitglieder, in Lagern ›ohne Recht auf Korrespondenz‹ (die Vorbilder für die faschistischen Todeslager waren, wo z. B. Massenerschießungen Tausender von Gefangenen aus Maschinengewehren in Fällen von ›Überbevölkerung‹ oder beim ›Erhalt von Sonderaufträgen‹ vorgenommen wurden), in den kalten Bergwerken von Norilsk und Workuta, vor Kälte, Hunger und untragbar schwerer Arbeit auf zahllosen Bauprojekten[1], beim Holzfällen, bei Kanalbauten, einfach während des Transports in vernagelten Eisenbahnwagen und in abgesoffenen Schiffsladeräumen von ›Totenschiffen‹ in der Ochotskischen See, während der Umsiedlung ganzer Völker – der Krim-Tataren, der Wolga-Deutschen, Kalmücken und vieler anderer Völker.

Zwar wurden die Gehilfen zuweilen ausgetauscht (Jagoda, Molotow, Jeshow, Shdanow,

---

[1] Vor kurzem hatte der Leser Gelegenheit, eine Beschreibung des Baus der ›Todesstraße‹ Norilsk-Igarka in der Zeitschrift ›Nowyj mir‹ Nr. 8, Jahrgang 1964, zu lesen.

41

Malenkow, Berija), aber das volksfeindliche Regime Stalins blieb unverändert wild und gleichzeitig dogmatisch beschränkt, blind in seiner Grausamkeit. Die Ermordung von Militärs und Ingenieuren vor dem Krieg und der blinde Glaube an die Vernunft des Verbrechergenossen Hitler, die in dem Buch von Nekritsch, in den Notizen des Generalmajors Grigorenko und in einer Reihe anderer Publikationen gut beleuchtet worden sind, sind längst nicht die einzigen Gründe für die nationale Tragödie von 1941; die Kombination von Verbrechen und verbrecherischer Beschränktheit, Kurzsichtigkeit, hat noch viele Beispiele.

Stalinistischer Dogmatismus und die Isolierung vom realen Leben zeigten sich besonders auf dem Land, in der Politik hemmungsloser Ausnutzung der Dörfer durch räuberische Beschaffung zu ›symbolischen‹ Preisen, mit nahezu sklavenhafter Knechtung der Bauernschaft, mit dem Entzug der Rechte der Kolchosbauern auf den Besitz der einfachsten Mittel zur Mechanisierung, mit der Einsetzung von Kolchosbauern nur nach dem Maßstab ihrer Willfährigkeit und ihrer Fähigkeit, sich geschickt aus der Affäre zu ziehen. Das Ergebnis war dann auch evident: tiefgehende und schwer reparable Störung der Wirtschaft und des gesamten dörflichen Lebens, die nach dem Gesetz der kommunizierenden Röhren auch die Industrie untergraben hat.

Der volksfeindliche Charakter des Stalinismus zeigte sich deutlich in den Repressionsmaßnahmen gegen die Kriegsgefangenen, die die faschistischen Gefangenenlager überstanden hatten und danach in die Stalinlager hineingerieten, in den gegen die Arbeiter gerichteten Verordnungen, in der verbrecherischen Umsiedlung ganzer Völker, die auf diese Weise dem langsamen Aussterben preisgegeben waren, in dem stalinscher Bürokratie und dem NKWD (sowie Stalin selbst) eigenen spießig-tierischen Antisemitismus, in der für Stalin typischen Ukraino-Phobie und in drakonischen Gesetzen zum Schutz sozialistischen Eigentums (5 Jahre Haft für den Diebstahl einiger Ähren vom Acker), die hauptsächlich eines der Mittel waren, die Nachfrage auf dem ›Sklavenmarkt‹ zu befriedigen.

Eine umfassende Analyse der Entstehung des Stalinismus und seiner Äußerungen enthält die ausführliche, 1000 Seiten starke Monographie von

P. Medwedew. Dieses vom sozialistisch-marxistischen Standpunkt aus geschriebene Werk ist leider bis heute nicht veröffentlicht worden. Der Verfasser dieser Niederschrift wird kaum das gleiche Lob vom Genossen Medwedew bekommen, weil jener › westliche ‹ Elemente darin finden wird. Das macht nichts, dann gibt es eben eine Kontroverse. Ihrem Wesen nach sind meine Ansichten tief sozialistisch, und ich hoffe, daß der aufmerksame Leser dies bemerkt.

Der Verfasser versteht sehr gut, welch häßliche Erscheinungen auf dem Gebiet menschlicher und internationaler Beziehungen das egoistische Prinzip des Kapitals nach sich zieht, wenn es nicht durch sozialistische, fortschrittliche Kräfte eingedämmt wird. Er glaubt jedoch, daß die fortschrittlich Gesinnten im Westen dies noch besser verstehen als er und daß sie gegen diese Erscheinungen ankämpfen. Der Verfasser konzentriert seine Aufmerksamkeit auf das, was er vor Augen hat und was nach seiner Ansicht die Überwindung der Uneinigkeit, den Kampf für Demokratie, sozialen Fortschritt und geistige Freiheit hemmt.

Unser Land hat jetzt mit der Aufgabe der Reinigung von dem Übel des Stalinismus begonnen. Wir »pressen tropfenweise den Sklaven aus uns heraus« (wie A. Tschechow gesagt hat), lernen es, unsere Meinung zu äußern, ohne der Obrigkeit auf den Mund zu sehen und ohne Angst um unser Leben.

Der Anfang dieses mühseligen und noch lange nicht geraden Pfades geht offenkundig auf den Bericht von N. S. Chrustschow auf dem XX. Parteikongreß der KP der Sowjetunion zurück. Diese mutige, für die ehemaligen Verbrecherkomplicen Stalins überraschende Rede und eine Reihe damit verbundener Maßnahmen – Freilassung von Hunderttausenden politischer Gefangener und ihre Rehabilitierung, Schritte zur Aufrichtung des Prinzips friedlicher Koexistenz und zur Wiederbelebung der Demokratie – all dies läßt uns die historische Rolle N. S. Chrustschows hoch einschätzen, trotz einer Reihe bedauerlicher, auf Mutwilligkeit beruhender Fehler in den nachfolgenden Jahren und obwohl Chrustschow zu Lebzeiten Stalins natürlich einer der Teilnehmer an seinen Verbrechen war, als er einige hohe Posten bekleidete.

Die Entlarvung des Stalinismus in unserem

Land ist noch lange nicht abgeschlossen. Natürlich ist eine Veröffentlichung aller vorhandenen amtlichen Materialien (auch der Archive des NKWD) und die Untersuchung im ganzen Volk unerläßlich. Für den internationalen Ruf der KP der Sowjetunion und für die Ideen des Sozialismus wäre ein 1964 vorgesehener, dann aber »aus irgendwelchen Gründen« unterbliebener symbolischer Ausschluß Stalins, des Mörders von Millionen ihrer Mitglieder[1], aus der KP der Sowjetunion und eine politische Rehabilitierung der Opfer des Stalinismus sehr nützlich gewesen. Wir müssen

---

[1] Allein 1936–39 wurden mehr als 1,2 Millionen Mitglieder der KP, die Hälfte der gesamten Partei, verhaftet. Nur 50 000 kamen wieder frei, die anderen wurden bei Verhören totgequält, erschossen (600 000) oder sind in Lagern umgekommen. Nur einzelne der Rehabilitierten wurden an verantwortlichen Arbeitsstellen eingesetzt, noch wenigere konnten an der Untersuchung von Verbrechen teilnehmen, deren Zeugen und Opfer sie gewesen waren. In letzter Zeit wird oft die Aufforderung laut, »kein Salz auf die Wunden zu streuen«. Solche Aufforderungen gehen gewöhnlich von denen aus, die keine Wunden hatten. Tatsächlich kann nur eine gründliche Untersuchung der Vergangenheit und ihrer Folgen in der Gegenwart uns die Möglichkeit verschaffen, das Blut und den Schmutz abzuwaschen, die unser Banner besudelt haben. In Er-

den Einfluß des Neostalinismus auf unser politisches Leben möglichst einschränken. An dieser Stelle sind wir gezwungen, eine personelle Frage zu berühren. Einer der heute sehr einflußreichen Vertreter des Neostalinismus ist der Leiter der Abteilung Wissenschaft des Zentralkomitees der KP der Sowjetunion, S. P. Trapesnikow. Die Leitung unseres Landes und unser Volk sollen wissen, daß die Einstellung dieses zweifellos klugen, verschlagenen und in seinen Ansichten und Prinzipien sehr konsequenten Mannes grundlegend stalinistisch ist (d. h. von unserem Gesichtspunkt aus die Interessen der bürokratischen Elite schützt) und daß

örterungen und in der Literatur wird manchmal der Gedanke geäußert, daß die politischen Auswirkungen des Stalinismus einen ›Anbau‹ zu der wirtschaftlichen Grundlage des antileninschen ›Neosozialismus‹ darstellen, der in unserem Land zur Bildung einer besonderen Klasse bürokratischer Elite geführt habe, welche sich die Früchte öffentlicher Arbeit mittels einer komplizierten Kette offener und heimlicher Privilegien aneigne. Ich kann nicht leugnen, daß ein (für mich unverständlicher) Teil Wahrheit in diesen Behauptungen enthalten ist und die Vitalität des Neostalinismus erklären hilft; die volle Analyse dieses Gedankenkreises überschreitet jedoch die Grenzen dieses Artikels, welcher seine Hauptaufmerksamkeit einer anderen Seite des Problems widmet.

sie sich fundamental von den Hoffnungen und Bestrebungen des größten und aktivsten Teils unserer Intelligenz unterscheidet, die nach unserer Meinung die wahren Interessen unseres ganzen Volkes
und der fortschrittlichen Menschheit vertritt. Die
Leitung unseres Landes muß wissen, daß, solange
ein solcher Mensch (falls ich mich bei der Charakteristik seiner Ansichten nicht irre) Einfluß ge-
nießt, eine Stärkung der Position der Parteileitung
in Kreisen wissenschaftlicher und künstlerischer
Intellektueller nicht zu erhoffen ist. Ein Hinweis
wurde bei den letzten Wahlen in die Akademie der
Wissenschaften der UdSSR gegeben, als S. P. Trapesnikow von der überwiegenden Mehrheit der
Stimmen abgelehnt wurde; er wurde aber von der
Leitung »nicht verstanden«. Hier ist nicht die
Rede von den sachlichen oder persönlichen Eigenschaften des Genossen S. P. Trapesnikow, von denen ich wenig weiß. Es geht um seine politischen
Ansichten. Bei dem Obengesagten gründe ich
mich auf mündliche Berichte, weshalb ich prinzi-
piell nicht ausschließen kann (obwohl ich es für
wenig wahrscheinlich halte), daß sich alles genau
umgekehrt verhält. In diesem angenehmeren Fall

möchte ich um Verzeihung bitten und alles Obengesagte zurücknehmen.

In den letzten Jahren hat die Demagogie, Ge-
walttätigkeit, Grausamkeit und Niedertracht ein
großes Land ergriffen, das sich auf dem Weg zur
sozialistischen Entwicklung befunden hatte. Ich
spreche von China. Man kann nicht ohne Entsetzen
und Schmerz von der Massenansteckung des Anti-
humanismus lesen, die der »große Steuermann«
und seine Kumpane ausstreuen, von den Hung-
wei-ping, die laut Meldungen des chinesischen
Rundfunks während der öffentlichen Hinrichtung
der »Feinde der Ideen« des Vorsitzenden Mao
»vor Freude in die Luft sprangen«. Die Idiotie des
Personenkults hat in China monströse, tragiko-
mische Formen angenommen, die viele Züge des
Stalinismus und des Hitlerismus ins Absurde ge-
steigert haben. Aber dieses Absurde hat sich als
wirkungsvolles Mittel zur Verdummung von Millionen und zur Vernichtung und Erniedrigung
von weiteren Millionen ehrlicher und klügerer
Menschen erwiesen. Das volle Bild der Tragödie
in China ist nicht klar. Auf jeden Fall aber kann
man sie nicht gesondert von den inneren wirt-

schaftlichen Schwierigkeiten des Landes betrachten, die nach dem Durchfallen des Abenteuers des »großen Sprunges nach vorn« entstanden sind, nicht gesondert von dem Machtkampf der verschiedenen Gruppen und auch nicht von der außenpolitischen Situation, dem Krieg in Vietnam, der Uneinigkeit in der Welt, der Unzulänglichkeit und Verspätung des Kampfes gegen den Stalinismus in der Sowjetunion.

Als größter durch den Maoismus angerichteter Schaden wird oft die Spaltung der weltkommunistischen Bewegung angesehen. Das ist natürlich nicht so. Die Spaltung ist das Ergebnis der › Krankheit ‹ und in gewisser Weise ein Weg zu ihrer Überwindung. Bei dem Vorhandensein der › Krankheit ‹ wäre eine formelle Einigkeit ein gefährlicher prinziploser Kompromiß, der die kommunistische Weltbewegung endgültig in eine Sackgasse führen würde. Die Verbrechen der Maoisten gegen die Menschenrechte sind zu weit gegangen, und das chinesische Volk braucht die Einigkeit der demokratischen Weltmächte zum Schutz seiner Rechte dringender als die Einheit der weltkommunistischen Kräfte mit seinen in maoistischem Sinn kommunistischen Herren für den Kampf mit der sogenannten imperialistischen Gefahr irgendwo in Afrika oder Lateinamerika oder im Nahen Osten.

Bedrohung der geistigen Freiheit

Die Bedrohung der Unabhängigkeit und des Wertes der menschlichen Persönlichkeit ist eine Bedrohung des Sinnes des menschlichen Lebens.

Nichts bedroht die Freiheit der Persönlichkeit und den Sinn des Lebens so sehr wie Krieg, Armut und Terror. Aber es gibt auch bedeutende indirekte Gefahren. Eine davon ist die Verdummung des Menschen (der ›grauen Masse‹, wie der zynische Ausdruck bürgerlicher Zukunftslehre lautet) durch Massenkultur mit dem Ziel kommerziell motivierter Senkung des geistigen Niveaus und der Kritikfähigkeit mit dem Hauptgewicht auf Unterhaltung oder der Erreichung des Nützlichkeitsdenkens durch streng überwachende Zensur.

Das andere Beispiel ist mit Erziehungsproblemen verknüpft. Ein unter staatlicher Kontrolle stehendes Erziehungssystem, Trennung der Schule von der Kirche, allgemeine kostenlose Ausbildung – dies alles sind große Errungenschaften sozialen Fortschritts. Alles hat jedoch auch seine Kehrseite. Im gegebenen Fall ist es eine zu starke Unifizierung, die sich sowohl auf den Unterricht selbst, wie auf die Lehrpläne, besonders in Fächern wie Literatur, Geschichte Bürgerkunde und Geographie, und auch auf das Examinierungssystem erstreckt. Man kann die Gefahren nicht übersehen, die in der übertriebenen Berufung auf Autoritäten, in der Einengung der Diskussionsrahmen und der geistigen Freiheit selbständiger Folgerungen liegen, in einem Alter, in dem sich eigene Ansichten zu formen beginnen. Im alten China führte das System der Prüfung für staatliche Posten zu geistiger Stagnation, zur Kanonisierung reaktionärer Züge des Konfuzianismus. Es wäre sehr wenig wünschenswert, wenn unsere heutige Gesellschaft etwas Ähnliches aufweisen würde.

Die moderne Technik und die Massenpsychologie geben immer wieder neue Möglichkeiten zur Lenkung der feststellbaren Kriterien wie Verhaltensweise, Bestrebungen und Überzeugungen der

Massen. Diese Lenkung besteht nicht nur in der Beeinflussung durch Information mit besonderer Beachtung der Theorie von Reklame und Massenpsychologie, sondern es sind auch technisch betontere Methoden, über die in der ausländischen Presse viel geschrieben wird. Beispiele sind die systematische Kontrolle der Geburtenzahlen, biochemische Lenkung und elektronische Kontrolle psychischer Prozesse. Ich bin der Ansicht, daß wir auf die Anwendung neuer Methoden nicht verzichten können; die Entwicklung der Wissenschaft und der Technik können wir nicht stoppen, aber wir müssen die furchtbare Gefahr für die grundlegenden menschlichen Werte, für den Sinn des Lebens selbst erkennen, die in dem Mißbrauch technischer und biochemischer Methoden und der Methoden der Massenpsychologie liegt. Der Mensch darf nicht zu einem Huhn oder einer Ratte werden, die bei bestimmten Versuchen mittels mit dem Gehirn gekoppelter Elektroden einen angenehmen elektronischen Reiz verspüren. Hierher gehört auch die Frage des wachsenden Gebrauchs beruhigender und anregender Mittel, erlaubter und unerlaubter Narkotika u. ä.

Wir dürfen auch die ganz reale Gefahr nicht vergessen, über die Norbert Wiener in seinem Buch ›Kybernetik‹ schreibt: das Fehlen stabiler menschlicher Verhaltensweisen in kybernetischen Maschinen. Die in Versuchung führende, beispiellose Macht, die der Menschheit (oder, was noch schlimmer ist, einer Gruppe der gespaltenen Menschheit) durch die weisen Ratschläge ihrer künftigen geistigen Helfer, der künstlichen Denkautomaten, gegeben ist, kann, wie Wiener sagt, zu einer verhängnisvollen Falle werden: die Ratschläge können sich als unerwartet hinterhältig erweisen, die nicht menschliche Ziele, sondern den Sinn einer Lösung abstrakter, unvorhergesehen im künstlichen Gehirn umgeformter Aufgaben verfolgen. Eine solche Gefahr wird in einigen Jahrzehnten vollkommen real werden, wenn die menschlichen Werte – in erster Linie Gedankenfreiheit – während dieser Zeitperiode nicht gesichert, wenn die Uneinigkeit nicht beseitigt wird.

Kehren wir zu den Gefahren und Forderungen des heutigen Tages zurück, zur Notwendigkeit geistiger Freiheit, die dem Volk und der Intelligenzschicht die Möglichkeit zur Kontrolle und öffentlichen Prüfung aller Handlungen, Absichten und Beschlüsse der leitenden Gruppe gibt.

Marx hat einmal geschrieben, die Illusion, »daß die Chefs alles besser wissen« und »daß nur die Höhergestellten urteilen können, die von der offiziellen Version der Dinge Kenntnis haben«, teilten diejenigen Beamten, die das Interesse der Öffentlichkeit mit der Macht der Staatsregierung gleichsetzen.

Sowohl Marx wie Lenin haben stets auf die Verderbtheit des bürokratischen Verwaltungssystems im Gegensatz zum demokratischen hingewiesen. Lenin sagte, jede Köchin müsse lernen, den Staat zu regieren. Heute sind Vielschichtigkeit und Komplexität im öffentlichen Leben stark angewachsen; es ist deshalb um so wichtiger, die Menschheit vor der Gefahr dogmatischer und durch Eigenwilligkeit hervorgerufener Fehler zu schützen, die bei einer Lösung der Probleme mit geheimen Ratgebern am grünen Tisch in Schattenkabinetten unvermeidlich sind.

Es ist kein Zufall, daß das Problem der Zensur (im weiten Sinn dieses Wortes) eines der Hauptprobleme innerhalb des ideologischen Kampfes der letzten Jahre geworden ist. Der Forscher Lewis A. Coser hat dazu gesagt: «Es wäre absurd, die Entfremdung vieler avantgardistischer Autoren ausschließlich dem Kampf mit den Zensoren zuzuschreiben, aber man kann behaupten, daß dieser Kampf in nicht geringem Maße zu einer solchen Entfremdung beigetragen hat. Für diese Autoren ist der Zensor zum Hauptsymbol des Philistertums, der Heuchelei und der Niederträchtigkeit der bürgerlichen Gesellschaft geworden. Viele Autoren, die anfangs apolitisch waren, haben sich der amerikanischen Linksbewegung angeschlossen, weil sie im Kampf gegen die Zensur führend ist. Der enge Zusammenschluß der künstlerischen Avantgarde mit der Avantgarde des politischen und sozialen Radikalismus kann, zu einem Teil jedenfalls, mit der Tatsache erklärt werden, daß sie im Bewußtsein vieler Menschen letzten Endes zusammengeflossen sind in einen Kampf um die Freiheit, gegen jede Unterdrückung...» (Ich zitiere nach dem Artikel von J. S. Kohn in Heft 1, Jahrgang 1968 der Zeitschrift ›Nowyj mir‹.)

Wir alle kennen den leidenschaftlichen, tief argumentierten Appell des hervorragenden sowjetischen Schriftstellers A. Solschenizyn zu dieser Frage. A. Solschenizyn, G. Wladimow, T. Swirskij, Lydia Tschukowskaja (1966 hat sie mit dem zornigen Brief, den sie Scholochow nach seiner Verurteilung der beiden russischen Schriftsteller Sinjawskij und Daniel vor dem XXIII. Parteikongreß schrieb, Aufsehen erregt)[1] und andere Schriftsteller, die sich zu dem gleichen Thema geäußert haben, zeigten deutlich, wie inkompetente Zensur die lebendige Seele der sowjetischen Literatur im Keim erstickt. Das gleiche ist es mit allen anderen Gedankenäußerungen in der Öffentlichkeit, wodurch Stillstand, Fadheit, das Fehlen irgendwelcher neuer und tiefer Gedanken verursacht wird. Tiefgründige Gedanken werden nur in Diskussionen geboren, wenn Erwiderungen laut werden, bei der größtmöglichen Freiheit, nicht nur kontrolliert richtige, sondern auch zweifelhafte Ideen zu äußern. Das war schon den Philosophen des alten Griechenland klar, und heute gibt es wohl kaum jemanden, der dies bezweifelt. Aber nach 50

[1] Ihr Roman ›Ein leeres Haus‹, 1965 in russischer Sprache in Paris erstmals erschienen, ist 1967 deutsch im Diogenes Verlag herausgekommen.

Jahren ungeteilter Herrschaft über die Gedanken eines ganzen Landes scheint unsere Führung sogar die Andeutung einer solchen Diskussion zu fürchten. An dieser Stelle sind wir gezwungen, die schändlichen Tendenzen der letzten Jahre zu erwähnen.

Wir bringen nur einzelne Beispiele, ohne den Versuch, ein Gesamtbild zu geben. Die Zensursperre, die die sowjetische künstlerische und politische Literatur entstellt, hat sich von neuem verstärkt. Dutzende tiefgreifender, glänzender Niederschriften kommen nicht ans Tageslicht, darunter die besten Werke A. Solschenizyns, von großer künstlerischer und moralischer Kraft, die bedeutende künstlerisch-philosophische Wahrheiten enthalten. Ist dies alles nicht eine Schande? Starke Empörung ruft das vom Obersten Sowjet kürzlich angenommene Gesetz mit seinen Ergänzungen zum Strafrecht hervor, die der in unserer Verfassung proklamierten Bürgerfreiheit direkt entgegenstehen.

Der bei uns und im Ausland von der fortschrittlichen Öffentlichkeit (von Louis Aragon bis Graham Greene) verurteilte, das kommunistische System kompromittierende Prozeß gegen Daniel und Sinjawskij ist bisher nicht revidiert, sie selbst schmachten im Lager verschärfter Ordnung und sind (besonders Daniel)[1] schweren Schikanen und Quälereien ausgesetzt.

Ist die Verhaftung, die 12 Monate lange Inhafthaltung ohne Verhandlung und die Verurteilung zu 5 bis 7 Jahren Ginsburgs, Galanskows und an-

[1] Die meisten politischen Häftlinge werden jetzt in dem Lagerkomplex Dubrowlag in der Mordwinischen Republik festgehalten, wo sich zusammen mit den kriminellen Gefangenen etwa 30000 Inhaftierte befinden. Laut Mitteilungen sind ab 1961 die Vorschriften in diesem Lagerkomplex immer schärfer geworden. Die aus der Stalinzeit zurückgebliebenen Aufsichtsbeamten haben immer mehr an Einfluß gewonnen. Gerechterweise muß zugegeben werden, daß in letzter Zeit eine leichte Besserung der Verhältnisse festzustellen ist. Wir hoffen, daß diese Besserung von Dauer sein wird. Die Wiedereinführung leninscher Prinzipien der öffentlichen Kontrolle von Verbüßungsorten wäre sehr nützlich. Nicht weniger wichtig wäre eine generelle Amnestie für politische Gefangene (anstelle der begrenzten Amnestie, wie sie bei der vorübergehenden Verstärkung der rechten Tendenzen innerhalb unserer Leitung anläßlich der 50-Jahresfeier der Oktoberrevolution erlassen worden war), sowie die Überprüfung der bei der fortschrittlichen Öffentlichkeit Zweifel weckenden politischen Gerichtsprozesse.

derer für eine Tätigkeit, deren tatsächlicher Inhalt die Verteidigung der Bürgerfreiheit und der persönlichen Freiheit (teils als Präzedenzfall) Daniels und Sinjawskijs war, nicht eine Schande? Der Verfasser dieser Zeilen wandte sich am 11. Februar 1967 an das Zentralkomitee der KPdSU mit der Bitte, den Fall Ginsburg und Galanskow aufzuheben. Er hat keine Antwort auf seine Bitte und keinerlei Erklärungen zur Sache erhalten. Erst viel später erfuhr er, daß (offenbar auf Veranlassung des ehemaligen Vorsitzenden des KGB Ssemitschastnyj) der Versuch unternommen worden war, ihn und eine Reihe weiterer Personen mit Hilfe inspirierter falscher Aussagen eines der Angeklagten in Sachen Galanskow-Ginsburg zu verleumden. Später wurden die Aussagen desselben Angeklagten, Dobrowoljskij, als Anklagepunkt gegen Ginsburg–Galanskow benutzt, sie hätten Verbindung mit einer ausländischen antisowjetischen Organisation, welche Behauptung unwillkürlich Zweifel weckt.

Ist die Verurteilung zu 3 Jahren Straflager von Haustow und Bukowskij für die Teilnahme an einer Versammlung zur Verteidigung ihrer Kameraden nicht eine Schande? Ist die Verfolgung im Stil von Hexenjagden Dutzender von Vertretern sowjetischer Intelligenz, die gegen die Willkür von Justiz- und psychiatrischen Organen aufgetreten waren, der Versuch, ehrliche Menschen zum Unterschreiben von erlogenen, heuchlerischen Widerrufungen zu zwingen, die Entlassung aus Arbeitsstellungen mit Eintragung in die ›Schwarze Liste‹, die Beraubung junger Schriftsteller, Redakteure und anderer Intellektueller aller Existenzmittel nicht eine Schande?

Hier ein typisches Beispiel dieser Art Handlungsweise: Die Redakteurin für Filmliteratur, Genossin W., wird ins Bezirkskomitee der Partei zitiert. Die erste Frage lautet: »Wer hat Ihnen den Brief zur Verteidigung von Ginsburg zum Unterschreiben gegeben?« »Erlauben Sie mir, auf diese Frage nicht zu antworten.« »Gut. Gehen Sie hinaus. Wir werden darüber beraten.« Entscheidung: Ausschluß aus der Partei, Empfehlung an die Dienststelle, sie von der Arbeit zu entfernen und ihr die Weiterarbeit auf dem Kultursektor zu verbieten.

Mit solchen Methoden der Überzeugung und

Erziehung kann die Partei kaum die Rolle einer geistigen Führung der Menschheit beanspruchen.

Ist die Rede des Präsidenten der Akademie der Wissenschaften der UdSSR auf der Moskauer Parteikonferenz, der offensichtlich entweder zu verängstigt oder in seinen Ansichten zu dogmatisch ist, nicht eine Schande? Ist der letzte antisemitische Vorfall in der Personalpolitik nicht eine Schande? Im übrigen ist der Ungeist des spießigen Antisemitismus seit den dreißiger Jahren aus der bürokratischen Elite unseres Landes nie ganz verschwunden. Ist die fortgesetzte Beschneidung der Rechte der Krim-Tataren, die durch die stalinschen Verfolgungen etwa 46% ihres Volkes (vor allem Kinder und alte Leute)[1] verloren haben, nicht eine Schande?

Ist es nicht die größte Schande und Gefahr, wenn die Versuche einer öffentlichen, direkten und indirekten (durch Schweigen) Rehabilitierung

[1] Die Nationalitätenprobleme werden lange ein Grund zur Unruhe und Unzufriedenheit bleiben, wenn nicht alle Abweichungen von dem leninschen Prinzip erkannt, untersucht und ein gerader Kurs zur Verbesserung aller Fehler eingeschlagen wird.

Stalins, seiner Komplicen und seiner Politik, seines Pseudosozialismus, der terroristischen Bürokratie, der Heuchelei und des einseitigen, quantitativen ›Fortschritts‹ auf Kosten der Qualität immer häufiger werden?[1]

Obwohl alle diese schändlichen Erscheinungen noch weit entfernt sind von dem monströsen Ausmaß der stalinschen Verbrechen und in ihrer Größenordnung eher dem traurig-berühmten MacCarthyismus, der Zeit des Kalten Krieges, ähneln, so ist doch die sowjetische Öffentlichkeit äußerst beunruhigt, empört und mißtrauisch gegen alle, sogar die geringsten Anzeichen von Neostalinismus in unserem Land.

Wir sind überzeugt, daß die kommunistische Weltöffentlichkeit sich gegenüber allen Versuchen einer Wiederaufrichtung des Stalinismus in unserem Land ablehnend verhält, denn sie wäre ein furchtbarer Schlag gegen die Anziehungskraft der kommunistischen Ideen in der ganzen Welt.

[1] Wir sprechen von grundlegenden Tendenzen und den Folgen der stalinschen Politik, des Stalinismus, und nicht von einer allgemeinen Charakteristik der vielschichtigen Gesamtsituation des Riesenlandes mit 200 Millionen Einwohnern.

Heute liegt der Schlüssel zu einer fortschrittlichen Entwicklung des Regierungssystems zum Wohl der Menschheit in der Freiheit des Geistes. Das ist insbesondere von den Tschechoslowaken verstanden worden, und wir müssen zweifellos ihre mutige und für das Schicksal des Sozialismus und der ganzen Menschheit wertvolle Initiative sowohl politisch als auch durch Verstärkung der wirtschaftlichen Hilfe unterstützen.

Die Situation in bezug auf die Zensur (Glawlit)[1] ist in unserem Land derart, daß sie mit Hilfe dieser oder jener ›liberaler‹ Instruktionen kaum für die Dauer verbessert und stabilisiert werden kann. Ernsthafte organisatorische und gesetzgeberische Maßnahmen, z. B. ein Sondergesetz über Presse und Information, das die Grenzen des Erlaubten und Unerlaubten genau abstecken und die Verantwortung den dafür kompetenten und öffentlich kontrollierten Personen übertragen würde, wären erforderlich. Äußerst wichtig ist die Intensivierung des internationalen Austausches von Informatio-

---

[1] Glawlit ist der Deckname für die staatliche Zensurstelle, die Überprüfung und gegebenenfalls Abänderung sämtlicher Veröffentlichungen durchführt. – Der Verlag.

nen (Presse, Tourismus usw.), eine bessere Kenntnis seiner selbst, das Nichtzurückschrecken vor Kosten für soziologische, allgemein politische und wirtschaftliche Forderungen und Forschungen, und zwar nicht nur nach staatlich gelenktem Programm, da wir im letzten Fall der Versuchung erliegen könnten, ›unangenehme‹ Themen und Fragen zu meiden.

Die Begründung der Hoffnung

Die Zukunft des Sozialismus hängt heute davon ab, ob es gelingen wird, ihn anziehend zu machen, ob sich die moralische Anziehungskraft der Idee des Sozialismus und der Arbeitsintensivierung als Gegengewicht gegen das egoistische Prinzip des Privatbesitzes und der Kapitalvergrößerung behaupten kann als ein entscheidender Faktor bei der ethischen Bewertung des Kapitalismus und des Sozialismus, ob die Menschen im Zusammenhang mit Sozialismus nicht in erster Linie an eine Beschränkung der geistigen Freiheit oder, schlimmer noch, an faschismusähnliche Kultregime denken werden.

Ich betone die moralische Seite, da sowohl in der Frage der Sicherstellung von größtmöglicher Arbeitsauswertung als auch in der Steigerung der Arbeitskapazität, wie in der Sicherung des Lebensstandards des größten Bevölkerungsteiles, der Kapitalismus und der Sozialismus sich gleich gegenüberstehen. Wir wollen diese Frage näher untersuchen.

A. Durch tiefen Schnee laufen zwei Skifahrer. Zu Beginn des Wettlaufs ist einer von ihnen, der in gestreifter Jacke, viele Kilometer weit voraus, dann aber hat der Skifahrer mit der roten Jacke den ersten Mann eingeholt. Was können wir über die relative Stärke der beiden sagen? Nicht sehr viel, denn der Lauf der beiden Skifahrer erfolgt unter verschiedenen Bedingungen: der Gestreifte schafft im Neuschnee die Skibahn, und der Rote läuft in ihr. Der Leser merkt, daß die Skibahn die Zeit technischen und organisatorischen Risikos bei der Erarbeitung des Weges bedeutet, die ein technisch führendes Land auf sich nehmen muß. Man kann also nur behaupten, daß die Möglichkeit eines allzu großen Unterschiedes in der Kraft der beiden Skifahrer ausgeschlossen ist, aber nichts weiter.

Der angeführte Vergleich zeigt natürlich nicht die ganze Komplexität eines Vergleichs der Dynamik des wirtschaftlichen und wissenschaftlich-technischen Fortschritts der UdSSR und der USA und des Vergleichs der Lebensfähigkeit des russischen Revolutionselans und der amerikanischen Sachlichkeit.

Wir dürfen nicht außer acht lassen, daß die UdSSR während eines bedeutenden Teiles der fraglichen Zeit einen harten Krieg führte und die ihr beigebrachten Wunden heilte; wir können nicht unberücksichtigt lassen, daß einige Absurditäten in unserer Entwicklung nicht die organische Folge des sozialistischen Weges waren, sondern eine Art tragischer Zufall, eine schwere, aber unvermeidliche Krankheit. Auf der anderen Seite kann bei großer Übersicht auch nicht unberücksichtigt bleiben, daß wir heute die USA nur auf einigen alten, ›traditionellen‹ Gebieten einholen, z. B. Eisenhüttenwesen, die für die USA an Bedeutung verloren haben, während wir auf neueren Gebieten (z. B. in der Automation, bei Computeranlagen, in der Petrochemie und vor allem in bezug auf wissenschaftliche und technologische Forschung) nicht nur zurückgeblieben sind, sondern uns auch langsamer entwickeln, was einen Sieg unserer Wirtschaft innerhalb der nächsten Jahrzehnte ausschließt. Es muß auch festgestellt werden, daß unser Land über reiche natürliche Hilfsquellen verfügt, von Schwarzerde bis zu Kohle und Wald, von Erdöl bis zu Manganerz und Diamanten. Man muß berücksichtigen, daß unsere Bevölkerung während der fraglichen Zeit mit äußerster Anstrengung gearbeitet hat, was zu einer bestimmten Erschöpfung der Reserven führte. Wir müssen den erwähnten Nutzen der › Skispur ‹, die Ausnutzung in der UdSSR der in den USA gewonnenen Erfahrungen bei der Organisierung der Produktion und Anwendung der Technik berücksichtigen. Man braucht nur an das Problem der Energiebilanz, die Organisation der Massen-Fließbandproduktion, die Antibiotika, die Kernenergie, die Stahlproduktion, den hybriden Mais, selbstfahrende Mähdrescher, die offene Kohlegewinnung mittels Schaufelradbagger, elektronische Halbleiter, den Übergang von Dampf- zu Dieselloks u. ä. zu denken.

Offensichtlich ist nur die folgende vorsichtige Formulierung möglich:

1. Wir haben die Lebensfähigkeit des sozialistischen Weges gezeigt, der dem Volk enorme materielle und soziale Errungenschaften einbrachte und wie kein anderes System den ethischen Wert der Arbeit erhöhte.

2. Es gibt keinen Grund zu behaupten (wie es oft in dogmatischer Tradition geschieht), daß das kapitalistische Produktionssystem die Produktionskräfte in eine Sackgasse führe und vom Standpunkt der Produktivität der Arbeitskraft des Volkes schlechter sei als die sozialistische Produktionsweise; und noch weniger kann man behaupten, daß der Kapitalismus immer zu absoluter Verarmung der Arbeiterklasse führe.

Die unter dem Kapitalismus fortdauernde Weiterentwicklung der Produktionskapazität ist für jeden undogmatischen Marxisten eine Tatsache von primärer theoretischer und prinzipieller Bedeutung. Gerade sie ist die theoretische Grundlage für die friedliche Koexistenz, und sie gibt die prinzipielle Möglichkeit für den in eine wirtschaftliche Sackgasse geratenen Kapitalismus, sich nicht unbedingt in ein verzweifeltes Kriegsabenteuer hineinstürzen zu müssen. Sowohl das kapitalistische wie das sozialistische System haben Möglichkeiten, sich auf lange Sicht zu entfalten, von positiven Elementen gegenseitig zu profitieren und sich praktisch in grundlegender Beziehung näherzukommen.

Ich höre schon empörte Rufe, wie ›Revisionismus‹ und ›verlorengegangenes Klassenbewußtsein‹, sehe herablassendes Lächeln über ›politische Naivität‹, ›Unreife‹. Aber die Tatsachen zeigen die Entwicklung der Wirtschaft in den USA und in anderen kapitalistischen Ländern, sie zeigen die Nutzung sozialer Grundsätze durch die Kapitalisten und Besserung der Situation der Werktätigen. Vor allem aber zeigen die Tatsachen deutlich, daß jeder andere Weg außer dem der sich vertiefenden Koexistenz und Zusammenarbeit zweier Systeme und zweier Sphären und gegenseitiger Hilfe der Menschheit ins Verderben führt. Uns bleibt keine Wahl.

B. Vergleichen wir die Verteilung des Privateigentums und des Verbrauchs der einzelnen Gruppen der Bevölkerung in der UdSSR und in den USA. Unsere Propaganda behauptet gewöhnlich, daß in den USA schreiende Ungleichheit herrsche, während es bei uns sehr gerecht zugehe, ganz im Interesse der werktätigen Masse. In Wirklichkeit enthalten beide Behauptungen die halbe Wahrheit und eine große Portion heuchlerischen Verschweigens.

Ich habe nicht die Absicht, die Tragik der Armut, der Rechtlosigkeit und Erniedrigung von 22 Millionen amerikanischer Neger zu mindern. Aber wir müssen klar erkennen, daß dies in erster Linie kein Klassenproblem, sondern ein Problem des Rassismus ist, unter anderem des Rassismus und Egoismus der weißen Arbeiter, und daß die Regierungsgruppe in den USA daran interessiert ist, dieses Problem zu lösen, obwohl sie bisher noch nicht die nötige Aktivität zeigt, da ihr durch eine Reihe von Bedenken, die teils mit der Wahl und teils mit der Befürchtung zusammenhängen, das unsichere Gleichgewicht im Land zu stören und die Tätigkeit der äußersten linken und insbesondere der äußersten rechten Parteien anzuregen, die Hände gebunden sind. Ich glaube, wir im sozialistischen Lager sind daran interessiert, daß die herrschende Gruppe in den USA in die Lage versetzt wird, das Negerproblem ohne Verschärfung der Situation im Lande zu lösen.

Auf der anderen Seite bedeuten die nicht zahlreichen Millionäre in den Vereinigten Staaten keine allzu große wirtschaftliche Belastung. Der Konsum der ›Reichen‹ ist geringer als 20%, d. h. geringer als die Zunahme des gesamten Verbrauchs in der Zeit von 5 Jahren. Aus diesem Gesichtswinkel kann eine Revolution, die die wirtschaftliche Entwicklung um mehr als 5 Jahre aufhält, nicht als wirtschaftlich günstig für die Werktätigen angesehen werden. Ich spreche dabei nicht von dem Blutvergießen, das bei einer Revolution unvermeidlich ist. Ich spreche auch nicht von der Gefahr der Umkehrung, die Engels in seinem berühmten Brief an W. Sassulitsch als »Ironie der Geschichte« bezeichnet und die sich in unserem Land in der Gestalt des Stalinismus gegen uns selbst gewandt hat.

Natürlich gibt es Situationen, in denen die Revolution den einzigen Ausweg aus der Sackgasse bedeutet. Dies betrifft besonders nationale Erhebungen.

Aber in den USA und in einer Reihe anderer entwickelter kapitalistischer Länder verhält es sich anders, was auch die Programme der KPs dieser Länder widerspiegeln. Was unser Land betrifft, so soll man hier auch kein idyllisches Bild erwarten.

Es herrscht eine große Ungleichheit in den Besitzverhältnissen zwischen Stadt und Land. Besonders schlecht ist die Lage in den Gebieten, die keine Transportmöglichkeiten zum freien Markt haben und die keine im Privathandel gefragte Ware produzieren. Sehr groß ist der Unterschied zwischen den Städten mit gut entwickelter Industrie privilegierter Zweige und den alten absterbenden Städten. Als Ergebnis befinden sich an die 40% unserer Bevölkerung in sehr schwierigen wirtschaftlichen Verhältnissen. In den USA leben zirka 25% der Bevölkerung in äußerster Armut.

Andererseits sind die etwa 5%, die zur ›Führung‹ gehören, ebenso privilegiert wie die entsprechende Gruppe in den USA.

Die Entwicklung der modernen Gesellschaft vollzieht sich in der UdSSR und in den USA nach dem gleichen Gesetz der komplexen Struktur und der wachsenden Schwierigkeiten von Aufgaben der Zusammenarbeit auf dem Gebiet der Verwaltung, was zur Bildung von ihrer Natur nach sehr ähnlichen Verwaltungsgruppen führt.

Auf diese Weise müssen wir zugeben, daß es einen qualitativen Unterschied in der Struktur der Gesellschaft der beiden Länder nach dem Merkmal des Güterverbrauchs nicht gibt. Leider wird die Wirkkraft der leitenden Gruppe in unserem Land (wie übrigens auch in den USA, allerdings in geringerem Ausmaß) nicht nur nach wirtschaftlichen und Produktionsergebnissen gemessen. (Wer spricht heute schon von großer wirtschaftlicher Bedeutung des sozialistischen Wettstreits?) Diese Gruppe übt auch eine verborgene Schutzfunktion aus, der bezüglich des Güterverbrauchs heimliche Privilegien entsprechen. Nur wenige wissen von dem System der ›Gehaltszahlung in geschlossenen Umschlägen‹ zur Stalin-Zeit, von der heimlichen Austeilung von Mangelwaren und dem Erweisen verschiedener Gefälligkeiten, von der bevorzugten Behandlung in Kurorten u. ä. Ich möchte betonen, daß ich nicht etwa gegen das sozialistische Prinzip der Entlohnung entsprechend der Quantität und der Qualität geleisteter Arbeit bin, denn ein verhältnismäßig hohes Gehalt der besten Verwaltungsbeamten, der hochqualifizierten Arbeiter, Pädagogen, Ärzte, der Arbeiter in gefährlichen und gesundheitsschädigenden Berufen, der Wissenschaftler, Kultur- und Kunstschaffenden (in dem ganzen Gehaltsfonds macht es einen nur geringen Prozentsatz aus), das nicht von heimlichen Bevorzugungen begleitet ist, bedroht ja nicht die Gesellschaft, sondern ist ihr sogar nützlich, wenn es wirklich nach Verdienst gezahlt wird, da ja jede falsch angewandte Minute eines hohen Verwaltungsbeamten hohen materiellen Verlust, jede verlorene Minute eines Kunstschaffenden Verluste auf emotionellem, philosophisch-künstlerischem Gebiet der Gesellschaft bedeutet. Wenn aber etwas heimlich geschieht, so weckt das unwillkürlich den Verdacht, die Sache müsse einen Haken haben, hier fände eine Bestechung treuer Diener des bestehenden Systems statt. Ich glaube, daß eine vernünftige Lösung dieser ›delikaten‹ Frage nicht die Einführung eines Maximums für Parteimitglieder oder ähnliches wäre, sondern das Verbot aller Privilegien und die Festsetzung der Verdienstentlohnung nach dem Maßstab des Nutzens der Leistung für die Öffentlichkeit und einer wirtschaftlich-rechnerischen Marktüberlegung.

Ich glaube, daß weitere Fortschritte der wirtschaftlichen Reform, das Anwachsen der Bedeutung von Marktfaktoren, eine Verstärkung der Volkskontrolle über die Handlungen der leitenden Gruppe (das ist auch in den kapitalistischen Ländern wesentlich) alle Unebenheiten unserer Güterverteilung schmerzlos beseitigen würde. Noch wichtiger, auch in prinzipieller Hinsicht, ist die Vertiefung der Wirtschaftsreform für die Regulierung und die Ankurbelung der allgemeinen Produktion mittels der Methode richtiger (Markt-) Preisbildung, sinngemäßer Verteilung und rascher tatsächlicher Ausnutzung der Investitionen, einer vernunftgemäßen Ausnutzung von Natur- und Menschenreserven auf der Grundlage entsprechender Entlohnung im Interesse unserer Gesellschaft.

Zur Zeit führt eine Reihe sozialistischer Länder, darunter die UdSSR, Jugoslawien, die ČSSR auf breiter Basis Experimente auf dem Gebiet grundlegender wirtschaftlicher Fragen, so der Wechselbeziehung zwischen Planung und Markt, staatlichem und kooperativem Besitz u. ä. durch. Die Bedeutung dieser Forschungen und Experimente ist sehr groß.

Fassen wir den Inhalt des Vorhergesagten zusammen, so kommen wir zu unserer Schlußfolgerung über den moralischen und ethischen Charakter der Vorzüge des sozialistischen Entwicklungsweges der menschlichen Gesellschaft. Nach unserem Gesichtspunkt ist dies in keiner Weise eine Herabsetzung der Bedeutung des Sozialismus. Ohne den Sozialismus brachten die bürgerlichen Praktiken und das egoistische Prinzip des Privatbesitzes › Menschen des Abgrunds ‹ hervor, wie sie von Jack London und früher von Engels geschildert wurden. Nur der Wettbewerb mit dem Sozialismus und der Druck der Arbeiterklasse haben den sozialen Fortschritt des 20. Jahrhunderts und damit die neue unvermeidliche Annäherung der beiden Systeme ermöglicht. Nur der Sozialismus hat die Bedeutung der Arbeit bis zu den Höhen einer moralischen Leistung erhoben. Ohne den Sozialismus führte nationaler Egoismus zu kolonialer Unterdrückung, zu Nationalismus und Rassismus. Aber jetzt zeichnet sich der Sieg der humanistischen, der internationalen Idee bereits deutlich ab. Die kapitalistische Welt mußte unweigerlich eine sozialistische Welt hervorbringen; jetzt soll aber die sozialistische Welt nicht den Boden, auf dem sie gewachsen ist, mit Waffengewalt zerstören – dies wäre unter den gegenwärtigen Umständen ein Selbstmord der Menschheit. Der Sozialismus muß, im Gegenteil, diesen Boden durch sein Beispiel und durch andere indirekte Druckausübung veredeln und zu einem Ganzen mit ihm verschmelzen. Die Annäherung an die kapitalistische Welt sollte nicht eine prinziplose, volksfeindliche ›Verschwörung der herrschenden Gruppen‹ sein (daß dies grundsätzlich möglich ist, zeigt der extreme Fall von 1939/40), und sie sollte nicht nur auf sozialistischer, sondern auch auf allgemeiner demokratischer Grundlage erfolgen, kontrolliert durch die öffentliche Meinung, durch alle demokratischen Mittel, wie Wahlen, Publikation usw.

Eine solche Verschmelzung setzt nicht nur weitgehende soziale Reformen in kapitalistischen Ländern voraus, sondern auch eine grundlegende Änderung der Besitzverhältnisse, mit der Erweiterung des staatlichen und kooperativen Besitzes und gleichzeitiger Wahrung der Grundzüge der Eigentumsstruktur bei Produktionsmitteln in sozialistischen Ländern. Unsere Verbündeten auf diesem Wege sind nicht nur die Arbeiterklasse und die fortschrittliche Intelligenzschicht, die an einer friedlichen Koexistenz und an sozialem Fortschritt, am demokratischen, friedlichen Hineinwachsen in den Sozialismus interessiert sind, wie sich dies in den Programmen der KPs verschiedener Länder spiegelt, sondern auch der reformistische Teil[1] der Bourgeoisie, die kraft der Ereignisse zu diesem Programm der ›Konvergenz‹ gestoßen ist. (Ich übernehme diesen Ausdruck aus der westlichen

---

[1] Typische Vertreter dieser reformistischen Bourgeoisie sind Cyrus Eaton, Präsident Franklin D. Roosevelt und besonders Präsident John F. Kennedy. Ohne einen Stein auf den Genossen N. S. Chrustschow werfen zu wollen (unsere hohe Bewertung seiner Verdienste haben wir weiter oben gegeben), kann ich nicht umhin, an eine Begebenheit zu erinnern, die für seine ganze Umgebung vielleicht typischer ist als für ihn selbst. Am 10. Juli 1961, als Genosse Chrustschow auf einem Empfang von Fachleuten über seine Begegnung mit Kennedy sprach, erwähnte er die Bitte Kennedys, bei der Durchführung seiner Politik und der Stellung von Forderungen die Möglichkeiten und Schwierigkeiten der ›neuen Administration Kennedy‹ zu berücksichtigen und nicht mehr von ihr zu verlangen, als sie tun kann, ohne Gefahr zu laufen, zu stürzen und von den Rechtspartnern umgeworfen zu werden. Chrustschow zollte damals dieser präzedenzlosen Bitte Kennedys nicht die verdiente Aufmerksamkeit und fing an (gelinde gesagt) zu schimpfen. Jetzt aber, nach den Schüssen in Dallas, vermag niemand zu sagen, welche günstigen Möglichkeiten in der Entwicklung der Weltgeschichte aus diesem Mangel an Verständnis, wenn nicht ganz zerstört, so doch verschoben worden sind.

Literatur, gebe ihm aber, wie aus Obengesagtem hervorgeht, eine sozialistische und demokratische Bedeutung.)

Auf der Moskauer Konferenz der Friedensanhänger sagte Bertrand Russell: »Die Welt wird dann vor einer thermonuklearen Vernichtung gerettet werden, wenn die Führer der beiden Systeme den vollen Sieg des anderen Systems einem Atomkrieg vorziehen.« (Ich zitiere nach dem Gedächtnis.) Mir scheint, daß für die meisten Menschen in jedem Land, sowohl einem kapitalistischen als einem sozialistischen, eine solche Lösung annehmbar wäre. Ich glaube, daß allmählich auch die Führer der kapitalistischen und der sozialistischen Systeme kraft der Ereignisse gezwungen sein werden, den Standpunkt des überwiegenden Teils der Menschheit zu akzeptieren. Die allgemeine geistige Freiheit wird diese Verwandlung zu Duldsamkeit, Wendigkeit und zur Abwendung der Gefahr von Dogmatismus, Angst und Abenteuern erleichtern und fördern. Die ganze Menschheit, einschließlich ihrer am besten organisierten und aktivsten Kräfte – der Arbeiterklasse und der Intelligenz – will Freiheit und Sicherheit.

Nachdem wir im ersten Teil dieses Aufsatzes die Entwicklung der Menschheit nach der ›schlimmeren‹ Variante untersucht haben, die zum Untergang führt, müssen wir versuchen, uns wenigstens schematisch die ›bessere‹ Variante vorzustellen.[1]

1. Der sich in sozialistischen Ländern verstärkende ideologische Kampf zwischen stalinistischen und maoistischen Kräften einerseits und den realistischen Kräften der linken Lenin-Kommunisten und den ›linken Westlern‹ andererseits, führt zu einer tiefen ideologischen Spaltung auf internationaler, nationaler und innerparteilicher Ebene.

In der UdSSR und in anderen sozialistischen Ländern ist das Anfangsergebnis dieses Prozesses ein Mehrparteiensystem[2] an verschiedenen Stellen,

[1] Der Verfasser sieht die Primitivität seines Versuchs einer ›Futurologie‹, die Bemühungen sehr vieler Fachleute voraussetzen würde, ein und hofft hier mehr noch als an anderen Stellen auf eine positive Kritik.
[2] Der Verfasser gehört nicht zu denen, die das Mehrparteiensystem für eine unvermeidliche Etappe in der Entwicklung des Sozialismus oder gar für das Allheilmittel gegen alle Nöte halten, aber er nimmt an, daß in einigen Fällen die Entstehung des Mehrparteiensystems eine unvermeidliche Folge dann sein wird, wenn

scharfer ideologischer Kampf, Diskussionen und danach ideologischer Sieg der Realisten, Festigung des Kurses einer Weltzusammenarbeit, Stärkung der Demokratie und Erweiterung der Wirtschaftsreform (in den Jahren 1968 bis 1980). Die Daten sind für den Fall der optimistischsten Variante angenommen.

2. In den USA und in anderen kapitalistischen Ländern führen die nachdrücklichen Forderungen nach sozialem Fortschritt und friedlicher Koexistenz, der Zwang des Beispiels der sozialistischen Länder und der inneren fortschrittlichen Kräfte (Arbeiterklasse und Intelligenz) zum Sieg des linken, reformistischen Flügels der Bourgeoisie, der in seiner Tätigkeit das Programm der Annäherung (›Konvergenz‹) an den Sozialismus annimmt, d. h. das Programm sozialer Reformen, friedlicher Koexistenz und der Zusammenarbeit mit dem Sozialismus in weltumfassendem Maßstab und einer Änderung der Eigentumsstruktur. Dieses Programm

die herrschende kommunistische Partei es aus dem einen oder anderen Grund ablehnt, nach der von der Geschichte vorgeschriebenen wirtschaftlich-demokratischen Methode zu regieren.

schließt auch die größere Rolle der Intelligenz und einen Angriff auf die Kräfte des Rassismus und des Militarismus ein (1972 bis 1985). Die Phasen überschneiden sich.

3. Nach Überwindung der Uneinigkeit lösen die UdSSR und die USA das Problem der Rettung des ›armen‹ Teiles der Welt. Der weiter oben erwähnte Vorschlag einer Steuer von 20% auf das nationale Einkommen der entwickelten Länder wird verwirklicht. Gigantische Kunstdüngerfabriken und Bewässerungsanlagen werden gebaut und mit Atomenergie betrieben, die Schätze des Meeres werden in großem Maße ausgenutzt, die Arbeitskräfte der Entwicklungsländer werden geschult, die Industrialisierung durchgeführt. Riesige Fabriken zur Produktion von Aminosäuren und mikrobiologischem synthetischem Eiweiß, Fett und Kohlehydraten werden errichtet. Gleichzeitig wird die Abrüstung durchgeführt (1972 bis 1990).

4. Die sozialistische Konvergenz führt zur Glättung der Unterschiede in der sozialen Struktur, zur Förderung geistiger Freiheit, der Wissenschaft und der Produktionskapazität, zur Schaffung einer

Weltregierung und zum Ausgleich nationaler Widersprüche (1968 bis 2000). In dieser Phase kann man entscheidende Erfolge in der Entwicklung der Kernenergie, sowohl auf der Basis von Uran und Thorium als wahrscheinlich auch auf der Basis von Deuterium und Lithium annehmen.

Einer Reihe von Autoren erscheint die Anwendung explosiver Brüter (Vermehrung des aktiven Materials in Plutonium, Uran-233 und Tritium bei unterirdischen und Laborversuchen) wahrscheinlich.

In dem gleichen Zeitraum wird die Entwicklung der Raumforschung für viele Tausende von Menschen zu der Notwendigkeit führen, auf anderen Planeten, auf dem Mond, auf künstlichen Satelliten der Erde und auf Asteroiden, deren Bahnen durch Atomexplosionen verändert worden sind, arbeiten und ununterbrochen leben zu müssen. Man kann annehmen, daß die Zusammensetzung chemischer Stoffe mit Überleitfähigkeit bei Zimmertemperatur das technische Bild der gesamten Elektrotechnik, der kybernetischen Technik, des Transports und der Verbindungen ganz und gar verändert. Die Fortschritte der biologischen Wissenschaften werden in dieser und in nachfolgenden Perioden die Möglichkeit geben, alle Prozesse des Lebens auf der Ebene der Biochemie, der Zelle, des Organismus, in ökologischer und sozialer Hinsicht zu kontrollieren und zu lenken, angefangen mit der Geburt und dem Altern bis zu den psychischen Prozessen und der Vererbung. Eine solche allumfassende, unzählige Vorzüge verheißende wissenschaftlich-technische Revolution ist natürlich nur möglich und gefahrlos bei größter wissenschaftlicher Voraussicht, Vorsicht und bei strengster Respektierung der allgemeinen moralischen, ethischen und persönlichen Werte. Über die Gefahren gedankenlos-bürokratischer Ausnutzung einer technologischen Revolution in einer uneinigen Welt habe ich in dem Kapitel ›Gefahren‹ bereits gesprochen; man könnte noch vieles hinzufügen. (Eine solche Revolution ist möglich und gefahrlos nur bei einer äußerst ›intelligenten‹ weltumfassenden Führung.)

Unsere Hoffnungen gründen sich also auf:

a) den weltumfassenden Willen, die Uneinigkeit zu überwinden,

b) die Bemühungen und verschiedenartigen Versuche in sowjetischen und kapitalistischen Ländern zum Ziele der Überwindung von Widersprüchen und Unterschieden,

c) die allgemeinen Bestrebungen der Intelligenzschicht, der Arbeiterklasse und der anderen fortschrittlichen Kräfte zur Behandlung von Politik, Wirtschaft und Kultur in wissenschaftlich-demokratischer Weise,

d) das Nichtvorhandensein unüberwindlicher Hindernisse in der Entwicklung von Produktionskräften in den beiden Wirtschaftssystemen der Welt, die widrigenfalls unabwendbar zur Sackgasse der Verzweiflung und des Abenteuers führen müssen.

Jeder ehrliche und denkende Mensch, der nicht durch spießbürgerliche Gleichgültigkeit vergiftet ist, strebt zu einer Entwicklung nach der › besseren ‹ Variante hin. Aber nur eine offene Diskussion in breiter Öffentlichkeit ohne den Druck der Angst und der Voreingenommenheit wird den meisten Menschen helfen, die richtige und die beste Handlungsmethode zu finden.

Zum Schluß fasse ich einige konkrete Vorschläge von verschiedener Wichtigkeit zusammen, die im Text besprochen worden sind. Diese Vorschläge, die ich an die Führung unseres Landes richte, erschöpfen nicht den Inhalt dieser Denkschrift.

1. Die Strategie der friedlichen Koexistenz und Zusammenarbeit muß in jeder Weise vertieft werden. Es müssen wissenschaftliche Methoden und Prinzipien einer internationalen Politik erarbeitet werden, die auf der wissenschaftlichen Voraussicht weitliegender und allernächster Folgen basieren.

2. Ein umfassendes Programm für den Kampf gegen den Hunger muß ausgearbeitet werden.

3. Ein ›Gesetz über Presse und Information‹ muß ausgearbeitet, besprochen und angenommen werden, welches das Ziel verfolgt, nicht nur die verantwortungslose ideologische Zensur abzuschaffen, sondern auch die Selbstkritik in unserer Gesellschaft und den Geist furchtloser Diskussion und Erforschung der Wahrheit zu fördern. Dieses

Gesetz muß die praktische Hilfe für die Gedankenfreiheit schaffen.

4. Alle verfassungswidrigen Gesetze und Verordnungen, die die ›Menschenrechte‹ verletzen,
müssen aufgehoben werden.

5. Politische Gefangene müssen amnestiert, eine
Reihe politischer Prozesse der letzten Zeit (z. B. in
Sachen Daniel und Sinjawskij, Galanskow und
Ginsburg) müssen revidiert werden. Die Lager-
ordnung für politische Häftlinge muß sofort ge-
mildert werden.

6. Die Entlarvung Stalins muß bis zur völligen
Wahrheit geführt werden, ohne Rücksicht auf die
dadurch betroffene Gruppe. Der Einfluß der Neostalinisten auf unser politisches Leben muß in jeder Weise eingeschränkt werden. (Im Text wurde
als Beispiel der zu viel Einfluß genießende S. P.
Trapesnikow genannt.)

7. Die wirtschaftliche Reform muß in jeder
Weise vertieft, der Bereich der Experimente erwei-

tert, die Ergebnisse der Experimente müssen ausgewertet werden.

8. Nach gründlicher wissenschaftlicher Beratung muß ein Gesetz über Geohygiene herausgegeben werden, das in der Folge mit den Bemühungen der ganzen Welt auf diesem Gebiet zusammenfließen muß.

Schlußwort

Mit diesem Aufsatz wendet sich der Verfasser an die Führung unseres Landes, an alle Staatsbürger, an alle Menschen guten Willens in der ganzen Welt. Der Verfasser ist sich der Strittigkeit vieler Behauptungen bewußt; sein Ziel ist eine offene und öffentliche Diskussion der Probleme.

Als Abschluß noch ein Wort zu dem Text. Im Verlauf der Besprechung vorhergehender Entwürfe zu diesem Artikel sind unvollständige und daher in mancher Beziehung einseitige Texte verbreitet worden, die außerdem vom Standpunkt der Form und des Taktes mißlungene Stellen enthielten, welche aus Versehen mit aufgenommen worden sind. Der Verfasser bittet die Leser, dies zu berücksichtigen. Der Verfasser ist den Lesern der vorausgegangenen Entwürfe, die ihm ihre freundschaftlichen Ratschläge übermittelten und dadurch zur Verbesserung und Präzisierung des Artikels beitrugen, sehr dankbar.

Juni 1968

Nachwort

von Max Frisch

Ein führender Wissenschaftler der UdSSR, Physiker, habe an die Staatsführung ein umfängliches Memorandum geschrieben, Gedanken über Fortschritt und geistige Freiheit als Voraussetzung des Fortschritts – so ungefähr hörte man es in diesem Sommer (1968) in Moskau. Ein Gerücht. Offenbar hatte der Verfasser, damit seine Mahnung nicht in behördlichem Schweigen untergehe, diese nicht nur an die Staatsführung geschickt, sondern Vervielfältigungen davon herstellen lassen und weitherum verteilt, hauptsächlich an Intellektuelle. Ob Vervielfältigung durch Druck oder durch Fotokopie, weiß ich nicht; jedenfalls ohne das Placet der Zensur, die eine reguläre Veröffentlichung nie zugelassen hätte. Da gegen Ende Juni davon zu hören war, muß die Verbreitung dieser Schrift, vom Verfasser auf Juni datiert, sehr rasch erfolgt sein. Bekanntgabe von Gedanken ohne behördliche Genehmigung der Bekanntgabe: also ein

Apokryph. Wie es später in den Westen gelangt ist, ob mit oder ohne Wissen seines Verfassers, ist uns nicht bekannt. Die Frage, ob es richtig und in einem andern als nur verlagsrechtlichen Sinn erlaubt ist, eine apokryphe Broschüre zu verbreiten, ist zu stellen. Der Verfasser hat sie nicht für den westlichen Leser geschrieben, sondern für seine Landsleute: als Einladung zur internen Kontroverse, wobei dem Verfasser wahrscheinlich eine westliche Einmischung nicht erwünscht sein kann. Was er zu sagen hat, nicht zuletzt auch die Art seiner Argumentation, das hilft uns aber zu einer besseren Kenntnis seines Landes, als die Betreuer auf Reisen sie geben, zu einem Verständnis, das wir, eingespannt zwischen die beiden Supermächte, die heute über die Welt verfügen, für uns selbst benötigen; insofern halte ich es für richtig, daß diese Broschüre auch bei uns verbreitet wird.

Was wir vom Verfasser wissen:
Andrej Dmitriwitsch Sacharow, Jahrgang 1921, studierte während des Krieges an der Moskauer Universität und arbeitete nach 1945 an dem Lebedew-Institut für Physik. Er wurde Mitglied der Aka-

demie der Wissenschaften, was die größte Auszeichnung für einen sowjetischen Wissenschaftler ist, schon mit 32 Jahren. Seine Forschung, so heißt es, führte zur Entwicklung der sowjetischen Wasserstoffbombe. Dreimal erhielt er den Titel eines Helden der Sozialistischen Arbeit, dazu den Lenin-Preis. Seit er an der Wasserstoffbombe arbeitete, sind keine Publikationen von A. D. Sacharow erschienen. Sein Name tauchte 1966 auf, als sechs Mitglieder der Sowjetischen Akademie der Wissenschaften protestierten gegen die Einführung des Artikels 190 ins Strafgesetzbuch der UdSSR, ein Gesetz, »das der in unserer Verfassung proklamierten Bürgerfreiheit direkt entgegensteht«. Erst 1968 erschien wieder ein wissenschaftlicher Aufsatz von A. D. Sacharow in einem Almanach unter dem Titel: ›Symmetrie des Weltalls‹; es wird angenommen, daß A. D. Sacharow jetzt auf dem Gebiet der Kosmophysik arbeitet. Daß in dem Sammelband ›Die Zukunft der Wissenschaft‹ jeder Verfasser mit einem Foto vorgestellt wird, ausgenommen A. D. Sacharow, ist bemerkenswert; offenbar ist er Träger von Staatsgeheimnissen, seine Person daher strengstens gehütet.

Bedrohung der Welt durch atomaren Krieg und durch Hunger, darüber sagt die vorliegende Broschüre nichts Neues; auch die Konsequenz, die A. D. Sacharow daraus zieht, ist bekannt: die Notwendigkeit der friedlichen Koexistenz, was allerdings ein euphorischer Name ist für den tatsächlichen Zustand, der nicht mehr als ein Waffenstillstand ist und nicht einmal das, nur Waffenstillstand zwischen den beiden Supermächten als solchen, was sie nicht hindert an militärischen Einmischungen innerhalb ihrer Machtbereiche oder dort, wo es um Erweiterung des Super-Machtbereiches auf Kosten Dritter geht. Was einer Kooperation, die mehr wäre als eine Balance permanenter Drohung und die allein die globalen Probleme zu lösen vermag, entgegensteht, ist bekanntlich die Ideologie. Wieweit A. D. Sacharow in Ideologie verharrt, ist nicht leicht abzuschätzen. Manches in seiner tapferen Broschüre wirkt wie ein ideologischer Kotau, vielleicht nötig, um überhaupt weitersprechen zu können, und es fehlt nicht an dogmatischen Gemeinplätzen. Seine Sprache bleibt oft in der Tradition der Narodniki. Fürchtet der Verfasser, daß von der Obrigkeit, die er ja in erster Linie anspricht, die Sprache der wissenschaftlichen Intelligenz, deren spektakuläre Ergebnisse sie zieren, nicht verstanden würde? Berufung auf Lenin wie auf einen Kirchenvater, kritikfrei, als wäre es undenkbar, daß ein halbes Jahrhundert wissenschaftlicher Forschung in irgendeinem Punkt über den klassischen Marxismus-Leninismus hinausführen könnte, scheint unumgänglich zu sein, um nicht in den Verdacht der Konterrevolution zu kommen. Dieser Verdacht wäre grotesk. Einiges mag für einen biederen Funktionär anstößig sein, allein ein beiläufig eingeschobener Ausdruck wie dieser: »die Legende von der proletarischen Unfehlbarkeit«. Andere sind für weniger schon in die Verbannung geschickt worden. Aber die Kritik, die hier mit hinreichenden Beispielen vorgebracht wird, ist keinesfalls subversiv; es bleibt systemimmanente Kritik. Die Hoffnung lautet auf Sozialismus. Als dessen Widersacher braucht nicht wieder und wieder angeprangert zu werden, was man nicht hat, nämlich der Kapitalismus im Westen; der Widersacher im eigenen Land ist der Stalinismus. Es geht dem Verfasser aber, obschon er unter Stalin herangewachsen ist, nicht um » Bewältigung der Vergangenheit«, sondern um die Zukunft, die andere Möglichkeit, die er in der Gegenwart noch immer und immer wieder verhindert sieht:

Eine umfassende Analyse der Entstehung des Stalinismus und seiner Äußerungen enthält die ausführliche, 1000 Seiten starke Monographie von P. Medwedew. Dieses vom sozialistisch-marxistischen Standpunkt aus geschriebene Werk ist leider bis heute nicht veröffentlicht worden.

Zuversichtlicher heißt es:

Unser Land hat jetzt mit der Aufgabe der Reinigung von dem Übel des Stalinismus begonnen. Wir (...) lernen es, unsere Meinung zu äußern, ohne der Obrigkeit auf den Mund zu sehen und ohne Angst um unser Leben.

Der Leser wird nicht vergessen dürfen, daß der Verfasser, der dieses Memorandum herauszugeben wagte, in einer besonderen Lage ist; wollen die Sowjets auf den Mond, und zwar als erste, um den Stand ihrer Wissenschaft und ihr technisches Potential unter Beweis zu stellen, so ist ein Schriftsteller wie Solschenizyn, wenn er sich ebenso gegen die Zensur auflehnt, durchaus entbehrlich, nicht aber ein Kosmophysiker wie A.D. Sacharow. Hier spricht somit ein Privilegierter, allerdings einer, der sich daraus eine Pflicht macht, für andere zu sprechen, die es nicht wagen können, die Obrigkeit zu mahnen:

– wie inkompetente Zensur die lebendige Seele der sowjetischen Literatur im Keim erstickt. Das gleiche ist es mit allen anderen Gedankenäußerungen in der Öffentlichkeit, wodurch Stillstand, Fadheit, das Fehlen irgendwelcher neuer und tiefer Gedanken verursacht wird. Tiefgründige Gedanken werden nur in Diskussionen geboren, wenn Erwiderungen laut werden, bei der größtmöglichen Freiheit, nicht nur kontrolliert richtige, sondern auch zweifelhafte Ideen zu äußern. Das war schon den Philosophen des alten Griechenland klar, und heute gibt es wohl kaum jemanden, der dies bezweifelt. Aber nach 50 Jahren ungeteilter Herrschaft über die Gedanken eines ganzen Landes scheint unsere Führung sogar die Andeutung einer solchen Diskussion zu fürchten. An dieser Stelle sind wir gezwungen, die schändlichen Tendenzen der letzten Jahre zu erwähnen.

Es ist schon viel, die Namen von Daniel und Sinjawskij, von Ginsburg und Galanskow überhaupt zu erwähnen, Namen solcher, die in Arbeitslagern mindestens zur Vergessenheit verurteilt sind, oder den Namen von A. Solschenizyn, der in diesen Tagen (11.12.1968) seinen fünfzigsten Geburtstag begeht in schwerer Bedrängnis; der Verfasser geht noch weiter: er nennt auch Neostalinisten, die für diese Praxis verantwortlich sind, offen beim Namen, beispielsweise den Leiter der Abteilung Wissenschaft im Zentralkomitee der KP.

Die Leitung unseres Landes und unser Volk sollen wissen, daß die Einstellung dieses zweifellos klugen, verschlagenen und in seinen Ansichten und Prinzipien sehr konsequenten Mannes grundlegend stalinistisch ist (d. h. von unserem Gesichtspunkte aus die Interessen der bürokratischen Elite schützt) und daß sie sich fundamental von den Hoffnungen und Bestrebungen des größten und aktivsten Teils unserer Intelligenz unterscheidet, die nach unserer Meinung die wahren Interessen unseres ganzen Volkes und der fortschrittlichen Menschheit vertritt.

Über seine Hoffnung sagt A. D. Sacharow:

Heute liegt der Schlüssel zu einer fortschrittlichen Entwicklung des Regierungssystems zum Wohl der Menschheit in der Freiheit des Geistes. Das ist insbesondere von

den Tschechoslowaken verstanden worden, und wir müssen
zweifellos ihre mutige und für das Schicksal des Sozialis-
mus und der ganzen Menschheit wertvolle Initiative so-
wohl politisch als auch durch Verstärkung der wirtschaft-
lichen Hilfe unterstützen.

Inzwischen ist die Antwort, die A. D. Sacharow auf
sein Memorandum nicht erhalten hat, weltöffentlich
erfolgt; sein Memorandum gestattet immerhin die
Vermutung, daß die Antwort des Kreml an die
Tschechoslowakei nicht im Einverständnis mit
dem ganzen sowjetischen Volk erfolgt ist, zumindest nicht mit dem größten und aktivsten Teil der
Intelligenz. Eine Antwort der Funktionär-Kaste.
Wer dabei konterrevolutionär und wer revolutionär ist, die Funktionär-Kaste oder die Intelligenz,
die Sacharow vertritt, ist eine terminologische
Frage. Sicher wünscht sich der Verfasser kein vor-
sozialistisches System, nur zeigt sich in seinen Forderungen, was die Russische Revolution über-
sprungen hat, nämlich die Französische Revolution; hier bleibt ein Nachholbedarf, und darum
geht es eigentlich in diesem Memorandum. Eben
diese geschichtliche Phasen-Verschiebung, scheint

es, erschwert das Verständnis nicht nur gegenüber dem Westen, der einmal bürgerlich geworden ist (was eine Progression war) und in Anpassung an die technische Entwicklung bürgerlich geblieben ist, sondern auch gegenüber westlichen Völkern, die nicht geradewegs aus dem Zarentum heraus, ohne die Errungenschaften der bürgerlichen Revolution, zum Sozialismus gekommen sind. Daß der Stalinismus, der so deutliche Züge von Zarismus hat, als »tragischer Zufall« gesehen wird, verwundert bei einem Wissenschaftler.

Ist das marxistisch gedacht? So könnte man sich auch beim Hitlerismus, statt ihn als immanente Tendenz eines Systems zu sehen, auf den tragischen Zufall berufen. Der Verfasser spricht von Sozialismus. Warum nicht von Kommunismus? Vieles bleibt undifferenziert. Protest gegen Willkür der Ämter, Beschwerden aus bitterer Erfahrung; zugleich wirkt diese Schrift durchaus fromm, als gäbe es keinen Galilei, der weiß, was sich um was dreht; das Begehren nach geistiger Freiheit, vorgebracht ohne Kritik an dem Ideologie-Vokabular überhaupt, muß vage bleiben. Das Ideologie-Vokabular bleibt tabu. Das ist aber schon Verzicht auf geistige Freiheit. Im Grunde ist diese Schrift, fürchte ich, nicht umwälzender als die letzte Enzyklika des Papstes, obschon sie sich mit der Zukunft befaßt.

Die Zukunft des Sozialismus hängt heute davon ab, ob es gelingen wird, ihn anziehend zu machen, ob sich die moralische Anziehungskraft der Idee des Sozialismus und der Arbeitsintensivierung als Gegengewicht gegen das egoistische Prinzip des Privatbesitzes und der Kapitalvergrößerung behaupten kann als ein entscheidender Faktor bei der ethischen Bewertung des Kapitalismus und des Sozialismus, ob die Menschen im Zusammenhang mit Sozialismus nicht in erster Linie an eine Beschränkung der geistigen Freiheit oder, schlimmer noch, an faschismusähnliche Kultregime denken werden.

Die Argumentation ist moralisch.

Ich betone die moralische Seite, da sowohl in der Frage der Sicherstellung von größtmöglicher Arbeitsauswertung als auch in der Steigerung der Arbeitskapazität, wie in der Sicherung des Lebensstandards des größten Bevölkerungsteiles, der Kapitalismus und der Sozialismus sich gleich gegenüberstehen.

Vieles in dieser Broschüre, vor allem wenn es um die Einschätzung des kapitalistischen Westens geht, widerspricht der verordneten Unkenntnis; vielleicht ist die Behauptung, »daß es einen qualitativen Unterschied in der Struktur der Gesellschaft der beiden Länder nach dem Merkmal des Güterverkehrs nicht gibt«, schon ketzerisch, auch wenn der Verfasser die moralische Superiorität der einen Gesellschaft, der sowjetischen, nie in Frage stellt, im Gegenteil, gerade von diesem Anspruch her setzt der Verfasser an. Das ist pädagogisch. Die Feststellung, daß die beiden Länder sich angleichen, deckt sich mit der Hoffnung des Verfassers, der von der unausgesprochenen, aber alle Erwägungen bestimmenden Annahme ausgeht, daß es gegenüber der UdSSR–USA keine Alternative gebe. Die Broschüre endet in einem futurologischen Versuch. China wird dabei nicht in Rechnung gesetzt, geschweige denn West-Europa, aber auch nicht Afrika: nicht als Subjekt der Geschichte, nur als Objekt; die UdSSR und die USA zusammen werden die Welt retten. Man braucht nicht Maoist zu sein, um mindestens zu zweifeln, ob der Maoismus, im Gegensatz zum sowjetischen Humanismus, sich mit den Begriffen von Barbarismus und Nationalismus hinreichend definieren lasse. Das ist in der heutigen Sowjetunion allerdings die herrschende Meinung, der Sacharow sich anschließt, bestimmt durch sein Entsetzen über Grausamkeiten, aber ohne Analyse. Stichhaltiger als der futurologische Versuch (in einer Fußnote heißt es: »Der Verfasser sieht die Primitivität seines Versuchs einer Futurologie, die Bemühungen sehr vieler Fachleute voraussetzen würde, ein.«) erscheint die Kritik an der heutigen sowjetischen Praxis, die als Pseudo-Sozialismus bezeichnet wird.

Ist die Verfolgung im Stil von Hexenjagden Dutzender von Vertretern sowjetischer Intelligenz, die gegen die Willkür von Justiz- und psychiatrischen Organen aufgetreten waren, der Versuch, ehrliche Menschen zum Unterschreiben von erlogenen und heuchlerischen Widerrufen zu zwingen, die Entlassung aus Arbeitsstellungen mit Eintragung in die › Schwarze Liste ‹, die Beraubung junger Schriftsteller, Redakteure und anderer Intellektueller aller Existenzmittel nicht eine Schande? (...) Ist der letzte antisemitische Vorfall in der Personalpolitik nicht eine Schande? (...) Ist die fortgesetzte Beschneidung der

Rechte der Krim-Tataren, die durch die stalinschen Ver-
folgungen etwa 46% ihres Volkes verloren haben, nicht
eine Schande?

Das hört der Kreml nicht gern.
   Hören wir es gern?
   Das wurde nicht gern gesagt.

Ein Akt staatsbürgerlichen Gewissens – so ver-
stehe ich diese Broschüre – unter Bedingungen, wo
es dazu eines außerordentlichen Mutes bedarf: ein
Akt also, der als solcher unsere größte Hochach-
tung verdient. Man wird sich fragen, welche Wirkung er haben kann. Das ist von hier aus, auch wenn
man über die heutige Praxis in der Sowjetunion
das eine und andere weiß, schwer abzuschätzen.
Die Broschüre ist in der Staatssprache verfaßt, damit die Funktionär-Kaste sie versteht. Damit aber
ist von vornherein das ausgeschlossen, was der
Leser über die Informationen hinaus vielleicht er-
hofft: ein Denk-Vorstoß, der weiter reichen würde
als das gewohnte Vokabular der Politik. Daß dies
in Gesprächen unter vier Augen stattfindet, ist
anzunehmen; davon zeigt die Broschüre nichts an.

Der Verfasser hält sich strengstens an die offiziöse Terminologie, wobei auffällt, wie sparsam er den Begriff Revolution verwendet, der im Westen zurzeit ein Lieblingsbegriff ist. Das muß nicht heißen, daß der Verfasser konservativ ist. Im Gegenteil; darin kann sich auch das Wissen ausdrücken, daß der Begriff Revolution überholt und mindestens in der hochentwickelten Industriegesellschaft romantisch geworden ist, indem fundamentale Umwälzungen weniger von dieser oder jener politischen Ideologie ausgehen als von technologischen Entwicklungen und ihren unaufhaltsamen Konsequenzen, das heißt: weitgehend unabhängig vom gesellschaftlichen System. Hier begibt sich der Verfasser seiner großen Möglichkeit als Naturwissenschaftler: Politik zu entideologisieren und die politische Terminologie, auch unsere, zu entlarven als das, was sie ist: als Relikt, das ins Museum gehört, teilweise sogar in die Abteilung Mittelalter. Wir sind zwar, innerhalb dieser Terminologie, einverstanden mit dem Verfasser, wenn er für die Koexistenz plädiert; aber die auch im Westen geläufige Einsicht, daß das Atom-Patt zu einer friedlichen Koexistenz der Ideologie-Systeme nötige, ist im Grund keine: sie wahrt noch immer die Dogmatismen, die den Fortbestand der Menschheit gefährden, sie sanktioniert den Antagonismus, indem sie zwar auf seine Konsequenzen verzichtet, notgedrungen, aber daß dieser Verzicht (auf Selbstmord der Menschheit) nötig ist, heißt doch, daß die Ideologie-Politik vor der Realität versagt. Koexistenz der Ideologie-Systeme, unter Beibehaltung dieser Systeme, ist eine Einigung auf falschem Bewußtsein. Daher mag man es bedauern, daß A. D. Sacharow, der als Naturwissenschaftler dazu imstande wäre, nicht auf die System-Sprache verzichtet. Gegen das falsche Bewußtsein eben mit dem Vokabular dieses falschen Bewußtseins zu protestieren, das fördert wieder nur das falsche Bewußtsein, indem man dessen Kategorien bestätigt.

Diese Bedenken (sie treffen auch auf unsere eigenen Manifeste zu) können aber nicht vergessen lassen, was diese Broschüre, auch so und gerade so, zu bedeuten hat. Sie ist ein Signal der Not. Denn daß es der sowjetischen Intelligenz heute nicht möglich ist, anders als in der verordneten Terminologie zu sprechen, die nicht ihrer fort-

schreitenden Erkenntnis entspricht, sondern lediglich zur Legitimation der etablierten Herrschaft
dient, das gerade ist ja ihre Not.

Der Text dieses Memorandums ist im Westen zuerst in englischer Übersetzung erschienen in der
NEW YORK TIMES, kurz darauf in der deutschen Wochenzeitung DIE ZEIT, als deutsche Übersetzung
aus dem Englischen; die deutsche Übersetzung aus
dem Russischen, die hier publiziert wird, hat der
Possev-Verlag, Frankfurt, zur Verfügung gestellt.

MAX FRISCH
November 1968

Antwort an Sacharow

*Ist der Weg, den Sacharow
weist, wirklich gangbar?*

Vorwort

von Marion Gräfin Dönhoff

Im August des Jahres 1968 haben wir die Gedanken des sowjetischen Atomforschers A. D. Sacharow veröffentlicht, weil wir sein Memorandum für das aufregendste Dokument hielten, das seit dem Beginn der Entstalinisierung, also seit Chruschtschows epochaler Rede auf dem XX. Parteikongreß, aus der Sowjetunion in den Westen gelangt ist.

Zum erstenmal nämlich vernahm man eine sowjetische Stimme, die die Welt nicht in gute Kommunisten und böse Kapitalisten einteilt, sondern die sie so darstellt, wie sie ist, als eine Bühne, auf der alle Akteure Zeichen von moralischer Anfälligkeit, politischer Unzulänglichkeit und dennoch zuweilen auch menschlicher Größe aufweisen: Die Amerikaner haben seiner Meinung nach ihr Maß an Schuld am Vietnamkrieg, die Russen an der Situation im Nahen Osten. Sacharow glaubt, daß die großen Aufgaben dieser Generation und der folgenden unmöglich im Gegeneinander, sondern nur im Miteinander bewältigt werden können. Darum, so meint er, müßten die Supermächte sich auf einen Katalog gemeinsamer Grundinteressen einigen.

Seine Gedanken haben inzwischen viele Menschen bewegt, und einige von ihnen fanden, man dürfe seine Worte nicht ohne Resonanz verklingen lassen. Wir haben darum fünf Persönlichkeiten aus verschiedenen Ländern gebeten, zum Sacharow-Memorandum Stellung zu nehmen. Heute beginnt Jean Laloy, seit Jahren einer der wichtigsten Sowjetspezialisten in Frankreich, der am ›Institut des Etudes politiques‹ in Paris arbeitet; es folgen dann Pietro Quaroni, der zwischen 1925 und 1945 mehrfach jahrelang bei der italienischen Botschaft in Moskau war – zuletzt als Botschafter – und der heute Präsident des italienischen Rundfunks und Fernsehens ist; Sir William Hayter, 1953–1957 englischer Botschafter in Moskau, heute Warden von ›New College‹ in Oxford; ferner Louis Fischer von der Universität Princeton, USA, der 14 Jahre unter Lenin und Stalin in Rußland lebte

und der soeben ein umfangreiches Werk über die
sowjetische Außenpolitik von 1917 bis 1941 voll-
endete; und schließlich Heinrich Böll, der meist-
gelesene Nachkriegsautor deutscher Zunge in der
Sowjetunion.

Sacharows Thesen

Niemand weiß, auf welche Weise Sacharows Memorandum an die Öffentlichkeit gelangte: es kursierte im Sommer 1968 im »Untergrund« in Moskau, und ein Exemplar gelangte zur ›New York Times‹, die es am 22. Juli veröffentlichte. Die ›Zeit‹ hat damals die englische Fassung übersetzt; jetzt zitieren wir nach der aus dem Russischen übersetzten Veröffentlichung des Diogenes Verlages, Zürich (Andrej D. Sacharow: ›Wie ich mir die Zukunft vorstelle‹).

Der Verfasser Andrej Dmitriwitsch Sacharow, Jahrgang 1921, hat Physik an der Moskauer Universität studiert. Schon mit 32 Jahren wurde er Mitglied der Akademie der Wissenschaften. Er ist Held der sozialistischen Arbeit, Träger des Lenin-Preis-Ordens und Miterfinder der sowjetischen Wasserstoffbombe.

Sacharow stellt zwei Thesen auf. These Nummer 1: Die Zivilisation der Menschheit ist gefährdet durch den thermonuklearen Krieg, durch Hungerkatastrophen, durch »Verdummung im Narkosezustand der Massenkultur« wie die Zwangsjacke des bürokratischen Dogmatismus, und schließlich »durch Verbreitung der Massenlegenden, die ganze Völker und Kontinente unter die Gewalt grausamer und heimtückischer Demagogen bringt«.

Er sagt, daß angesichts dieser Gefahren jede Handlung, die die Spaltung der Menschheit fördere, jede Behauptung, die Weltideologien seien unvereinbar miteinander, Irrsinn und Verbrechen ist: »Nur weltumfassende Zusammenarbeit unter der Bedingung geistiger Freiheit, hoher moralischer Ideale von Sozialismus und Arbeit und die Beseitigung von Dogmatismus und Druck, ausgeübt von den versteckten Interessen der herrschenden Klassen, entspricht den Interessen der Wahrung der Zivilisation.«

Seine zweite These lautet, daß die Menschheit unbedingt geistige Freiheit brauche, die er folgendermaßen definiert: »die Freiheit, Informationen zu erhalten und zu verbreiten, die Freiheit unvoreingenommener und furchtloser Debatte und die Freiheit vom Druck durch Autorität und Vorurteile.«

Sacharow handelt zunächst die Gefahren ab, die sich aus These 1 ergeben. Dabei erhebt er immer wieder die Forderung, daß beide Seiten jede Verschärfung der internationalen Lage unterlassen müßten und keine Schwierigkeiten hervorrufen dürften, die »wiederum eine Verstärkung der Macht, der Reaktion, des Militarismus, Nationalismus, Faschismus und Revanchismus bewirken könnten«.

Er schlägt vor, die beiden Supermächte sollten die internationale Politik auf folgende Prinzipien basieren:

1. Alle Völker haben das Recht, ihr eigenes Schicksal durch freie Willensäußerung zu bestimmen (garantiert durch internationale Kontrolle der Beachtung der Deklaration der Menschenrechte, notfalls Anwendung wirtschaftlicher Sanktionen und Einsatz von UN-Streitkräften).

2. Alle militärischen und militärisch-wirtschaftlichen Formen des Exports von Revolution und Gegenrevolution sind ungesetzlich und gleichbedeutend mit Aggression.

Sacharow ist der Meinung, daß zugunsten der Entwicklungsländer in den entwickelten Staaten

für die Dauer von etwa 15 Jahren eine Steuer eingeführt werden muß, die 20 Prozent des Nationaleinkommens entspricht. Er glaubt, eine solche
Maßnahme würde automatisch zu einer bedeutenden Einschränkung der Rüstungsausgaben führen.

Große Gefahren für die heutige Gesellschaft
sieht er in dem Anwachsen von Rassismus, Nationalismus und Militarismus, besonders aber im Aufstieg demagogischer Heuchler und grausamer Polizeiregime. Vor allem, so sagt er, treffe dies zu für
das Regime »von Stalin, Hitler und Mao Tse-tung
sowie für eine Reihe äußerst reaktionärer Regime
in kleineren Ländern...«

Im Kapitel »Die Begründung der Hoffnung«
sagt der sowjetische Wissenschaftler: Sowohl das
kapitalistische wie das sozialistische System haben
Möglichkeiten, sich auf lange Sicht zu entfalten,
von positiven Elementen gegenseitig zu profitieren und sich praktisch in grundlegender Beziehung näherzukommen.

Er ist der Meinung, daß der sozialistische Weg
dem Volk enorme materielle und soziale Errungenschaften eingebracht hat und wie kein anderes
System den ethischen Wert der Arbeit erhöht:

»Nur der Wettbewerb mit dem Sozialismus und der Druck der Arbeiterklasse haben den sozialen Fortschritt des 20. Jahrhunderts und damit die neue, unvermeidliche Annäherung der beiden Systeme ermöglicht.«

Sacharow glaubt, daß dieses Beispiel der sozialistischen Länder zum Sieg jenes linken reformistischen Flügels der Bourgeoisie beitragen werde, der an die Konvergenz der Systeme glaubt. Dies wiederum werde zum Ausgleich der Unterschiede in der sozialen Struktur führen, zur Förderung geistiger Freiheit in der Wissenschaft wie der Produktionskapazität und schließlich zur Schaffung einer Weltregierung.

Die Redaktion

Wider die Mauer
der Macht

Ist der Weg, den Sacharow weist,
wirklich gangbar?

Von Jean Laloy

Die Überlegungen, die A. D. Sacharow der Koexistenz und der Freiheit widmet, sind ein Dokument von großer Tragweite. Diesen Bericht vor Augen, sieht man die Tiefgründigkeit und Glaubwürdigkeit des intellektuellen Lebens im heutigen Rußland. Man entdeckt hier sogleich aber auch die Hindernisse, die seiner Aussage entgegenstehen, und begreift, wie weit das Feld ist zwischen dem Wunsch nach Erneuerung und der Wirklichkeit.

Zwei Feststellungen bilden den Kern der Überlegungen des sowjetischen Gelehrten und seiner Kollegen.

Erstens: Die Revolution von 1917, so beträchtlich ihr Ergebnis immer sein mag, hat nicht erfüllt, was sie versprochen hatte: Anstatt unbegrenzter Horizonte eines neuen Humanismus sieht man die Unterdrückung, die Zensur, die »Verdummung des Menschen«.

Zweitens: Der »Kapitalismus« ist weit davon entfernt, »weniger leistungsfähig zu sein als der Modus der sozialistischen Produktion«. »Beide Systeme haben die Möglichkeit, sich dauernd fortzuentwickeln, indem sie wechselseitig ihre positiven Ergebnisse übernehmen.«

Diese beiden Thesen treffen in einem wesentlichen Punkte die Anschauung leninistischer Prägung. Für Lenin war die russische Revolution tatsächlich einmalig in ihrer Art und universell in ihrer Tragweite. Sie war mit nichts anderem zu vergleichen und konnte sich mit niemandem abfinden, es sei denn aus taktischen Motiven, die den Umständen Rechnung trugen.

Diese beiden Wesensmerkmale – »Einmaligkeit« und »Universalität« – sind die Kennzeichen des Messianismus, sie sind der religiösen Tradition entlehnt. In die weltliche Ordnung versetzt, bergen sie in sich jedoch einen tief innerlichen Widerspruch, einen unüberwindlichen Gegensatz.

Angenommen, die sozialistische Revolution sei tatsächlich ein universelles Ereignis; dann wird sie nicht einmalig, nicht alleingültig bleiben, es sei denn, daß die Welt sich einem einzigen politischen Willen unterwürfe, dem der Gründer der Bewegung; sie wird sich in verschiedene Bewegungen aufteilen. Sie wird bestimmte Probleme in bestimmten Ländern unter bestimmten Umständen gelöst haben, jedoch nicht alle Probleme, nicht überall und zu allen Zeiten.

Angenommen, die sozialistische Revolution sei einmalig; dann wird sie auf bestimmte Territorien beschränkt bleiben, sich nicht überallhin ausdehnen und wird auf einen Typ von Revolution unter anderen zurückgeführt werden. Sie war absolut und wird relativ.

Eine politische oder soziale Bewegung, die Anspruch auf eine zugleich einmalige und universelle Berufung erhebt, ist verurteilt, sich selbst zu verleugnen, sei es, daß sie sich ausbreitet und zersplittert, sei es, daß sie sich einschließt und erstarrt. Der dritte Weg, der Ausweg, ist der Verzicht auf den messianischen Anspruch.

Es ist dieser dritte Weg, auf den der Bericht von

Sacharow verweist. Nach seiner Meinung enthält die Revolution Gutes und Böses: sie ist also nicht alleingültig. Der »Kapitalismus«, so sagt er uns, bietet ebenfalls große Möglichkeiten der Entwicklung: Die Revolution ist also nicht universell, nicht allgültig.

Sacharow geht auf diese Weise weit über die »Friedliche Koexistenz« hinaus, wie die sowjetische Regierung und die Kommunistische Partei sie definiert haben. Tatsächlich kann man bei der Koexistenz, wie sie 1956 definiert wurde, wenigstens drei Arten unterscheiden.

Gnadenloser Kampf

Entweder ist die Koexistenz nur eine Pause in dem andauernden Kampf gegen den Imperialismus; oder die Koexistenz leitet, weil der Imperialismus nicht mehr wirklich imperialistisch ist, ein echtes Einvernehmen zwischen entgegengesetzten Regimen ein; oder aber – und dies ist die wohl heute gültige Version – die Koexistenz ist weder ein gnadenloser Kampf (er könnte zum Krieg führen) noch der Durchbruch zur Verständigung (was

zum Frieden führen würde), sondern eine Pendel-
bewegung zwischen diesen beiden Extremen, und
zwar so, daß der Krieg vermieden wird (der untragbar wurde), ohne daß deshalb der Weg der
vollkommenen Verständigung eingeschlagen wird
(dies würde bedeuten, daß die Partei auf ihre Mis-
sion verzichtete).

Indem er sich für die zweite Art der Koexistenz
entscheidet, übertritt Sacharow die Regeln, beseitigt die Vorurteile, gibt die Doktrinen preis, welche die Legitimität der Macht begründen. Denn es
ist die Idee ihrer einmaligen und einzigen Berufung, mit der die Partei ihr Monopol rechtfertigt,
ihr absolutes Recht, alles zu überwachen, ihre
Weigerung, sich zu ändern. Auf Grund dieser sel-
ben Idee kann die Partei in Rußland keine gleich-
berechtigten anderen Parteien zulassen; ebenso-
wenig aber kann sie in der Welt andere Staaten
dem sowjetischen Staat gleichwertig erachten.

Das Hindernis ist groß. Kann man es überwinden?

Ja, man kann das Hindernis überwinden. Es
wird freilich nicht ohne Krisen, nicht ohne Anstrengung und ohne Rückschläge geschehen.

Nichts ist nämlich widerstandsfähiger als der weltliche Messianismus, sei er selbst verkalkt, wenn er durch eine große Ansammlung von Macht aufrechterhalten wird. Nichts ist, auf der anderen Seite, weniger fähig, eine Entwicklung voranzutreiben, als jener billige Pragmatismus, von dem die meisten liberalen Gesellschaften erfüllt sind. Gegenüber dem absoluten Absolutismus ist der absolute Relativismus wenig wirkungskräftig.

Wenn man die Dinge, wie bisher, laufen läßt, vermeidet man vielleicht das Schlimmste; doch wird es immer wieder zu Reibereien kommen, die nach und nach eine Katastrophe herbeizuführen drohen.

Wenn sie nicht von einer höheren Idee getragen wird, kann die »Übereinstimmung« zwischen den beiden Systemen nur eine Übereinstimmung im Nihilismus sein, die zu einer Versöhnung im Nichts führt. Einem solchen Pessimismus sich anheimzugeben, verbieten die drei großen Herausforderungen, denen die Menschheit gegenübersteht und die Sacharow aufzählt: die Atomwaffe, der Geburtenüberfluß der Hungernden, die Abkehr von der Idee des Fortschritts.

Wenn man nichts unternimmt auf diesen drei Gebieten, wird die Menschheit ins Nichts zurücksinken, wird ersticken oder sich vergiften. Man muß etwas tun – nicht, weil es die Moral, sondern der Selbsterhaltungstrieb verlangt. Das, was geschehen muß, kann nur im Namen einer universellen Solidarität geschehen, die alle politischen und ideologischen Grenzen überschreitet. Den beiden wetteifernden Konzeptionen des 19. Jahrhunderts, nämlich der Lehre von der Klasse und der von der Nation, ordnet sich allmählich die Idee einer menschlichen Gemeinschaft über, einer familiären Gemeinschaft, die zwar offensichtlich aus Gruppen, Nationen, sozialen Kategorien und Generationen zusammengesetzt ist, nichtsdestoweniger aber gehalten ist, sich als eine physische Einheit zu betrachten (angesichts der Gefahren) und als eine moralische Einheit zu betragen (um der Gefahren Herr zu werden). Über alle natürlichen Unterschiede hinweg zeichnen sich zum ersten Male am Horizont der Geschichte universelle Merkzeichen ab.

Dieses Phänomen läßt alle Ideologien, die heute im Schwange sind, verblassen: Marxismus, Leninismus, Neomarxismus, Maoismus, Marcusismus, der Aufstand gegen die Konsumgesellschaft, die Gesellschaft der Unterdrückung und so weiter...

Wer ändert wen?

Wenn die Menschheit, anstatt sich als eine abstrakte und theoretische Einheit zu betrachten, sich gezwungen sieht, als eine wirkliche Gemeinschaft zu handeln, unter dem Druck einer allgemeinen Gefahr, ändert sich das politische Gesichtsfeld. Bestimmte Möglichkeiten künden sich an. Das Ideal der Wiederversöhnung wird Wirklichkeit.

Zur gleichen Zeit erscheinen die Hindernisse. Man sieht, wo sich die härtesten Widerstände abzeichnen. In solcher Situation auf eine eventuelle Übereinstimmung zwischen sozialen Systemen zu setzen, genügt nicht. Man muß weiter sehen, muß eine Änderung der politischen Konzepte ins Auge fassen, und dies auf beiden Seiten.

Kommt man zum Ziel? Das ist nicht sicher. Aber unmöglich ist es nicht. Man hat gesehen, wie im 19. Jahrhundert die sozialen Verhältnisse aus einem Naturzustand hinüberwechselten zum Kulturzustand (Gewerkschaften, Arbeitsgerichte, Einigungen auf Grund von Verhandlungen, Zusammenarbeit und so weiter). Warum sollte man im 20. Jahrhundert (vielleicht im 21.) nicht versuchen, bei den internationalen Beziehungen das gleiche zu tun, und dies nach denselben Methoden, das heißt, indem man in jedem Falle Institutionen oder Verfahren schafft, die geeignet sind, den Krisen entgegenzuwirken, die Güter zu verteilen, zu verhindern, daß das Leben erstickt?

Für die internationale Ordnung würde man sich bemühen, die Gewalt nicht etwa zu beseitigen, sondern zu bändigen (Friedensgerichte, Verpflichtung, Schiedsrichter anzurufen, Kommissionen, welche Krisen vorausberechnen und ihnen wehren, und so weiter). Man täte dies auf Grund einer höheren Idee, des Gedankens der Solidarität, jedoch auf einem sehr bescheidenen Niveau, dem der Institutionen. Keine Weltregierung, keine Anarchie der Souveränitäten, sondern verschiedene Formen der Organisation, die ineinander verschachtelt sind.

Ein solcher Weg setzt eine einfache, aber wesentliche Maxime in die Praxis um: Um die anderen zu ändern, muß man sich selber ändern.

Die Zukunft vorbereiten

Die Aufgabe kann ohne Aufschub durch eine Gruppe von Nationen begonnen werden und sich dann nach und nach in die Breite entwickeln. Dies schließt die Krisen nicht aus, hilft uns aber, ihre Folgen unter bestimmten Umständen zu vermeiden, ihnen im schlimmsten Fall einen Sinn zu geben und in allen Fällen die Zukunft vorzubereiten.

So gesehen: Könnte man sich da nicht die Schaffung einer »Weltakademie der Wissenschaften« vorstellen, die an der Seite der UNESCO tagt, unabhängig von den Regierungen ist und deren Aufgabe es wäre, über das Schicksal der politischen Gemeinschaften zu wachen, das heißt: die Probleme aufzuzeigen und zu studieren, ehe sie noch unlösbar werden, Probleme, die bei der Entwicklung dieser Gesellschaften, ihrer Technik, ihrer Wirtschaft, ihrer Politik auftauchen? Man sähe dann wohl in der Folgezeit internationale Institutionen eines neuen Typs hervorwachsen. Aus ihnen würde nach und nach ein neues juristisches und politisches Niveau entstehen: eines, auf dem sich die gemeinsamen Interessen der Menschheit begegnen. Ist die Menschheit durch die Suche nach vernünftigem Handeln dann gewissenhafter, selbstbewußter und zugleich empfindsamer geworden, so wird ihr daran gelegen sein, unaufhörlich über sich selbst nachzudenken. Zum Nachdenken braucht man aber ein Organ, das denken kann!

Der Bericht von Sacharow eröffnet, wie man sieht, weite Perspektiven. Die Prüfung dieser Perspektiven setzt eine vertiefte Diskussion voraus. Aber allein schon die Tatsache, daß diese Diskussion nicht ohne Schwierigkeit und nicht in naher Zukunft stattfinden kann, zeigt, wie fern wir der Versöhnung oder der Konvergenz der Systeme sind – wieviel uns sogar von der einfachen Koexistenz trennt.

Hoffnung
trotz Stacheldraht

Ein Brief an Sacharow

Von Pietro Quaroni

Rom, im Januar

Lieber Andrej Dmitriwitsch,

Es wird Sie vielleicht interessieren, daß Ihr Memorandum, wenn ich es so nennen darf, in Italien
eine weite Verbreitung erlebte: Mehr oder weniger ausführliche Zusammenfassungen wurden in
den wichtigsten italienischen Zeitungen veröffentlicht; der gesamte Wortlaut erschien in einem
kleinen Bändchen; es wurde darüber allenthalben
diskutiert.

Ihre Stimme ist die erste Stimme, die aus der
Sowjetunion zu uns dringt, die nicht nur ablehnt

und tadelt wie andere vor ihr, die aus Gruppen sowjetischer Intellektueller uns erreichten. Wenn mein Eindruck richtig ist – aber ich bin mir dessen nicht sicher –, dann darf sie wohl als die Stimme eines Mannes angesehen werden, der mit der führenden sowjetischen Schicht in Verbindung steht und aus dieser Schicht von innen her sich für den Sieg seiner Ideen einsetzt.

Darum ist Ihr Memorandum interessant, und darum folgte ich gern einer europäischen Anregung, Ihnen zu antworten. Es könnte dies der Anfang eines Dialogs zwischen dem Westen außerhalb der Regierungen und einem Rußland sein, das den Willen und die Fähigkeit zum Verständnis zeigt. Wir sind, gelinde gesagt, alle enttäuscht, daß die Männer, die heute im Namen Rußlands zu sprechen ermächtigt sind, so wenig guten Willen zu einer konkreten und wirksamen Antwort auf die vielen Versuche an den Tag legen, die von westlicher Seite unternommen wurden, um wenigstens den Beginn eines konstruktiven und entspannenden Dialogs in die Wege zu leiten.

Theologische Verständnislosigkeit? Machtwille, in nationaler wie in ideologischer Richtung? Mißtrauen, als Folge unserer Fehler, aber teilweise auch einer dialektischen Auffassung von unserer Welt, die zum mindesten nicht mehr der Wirklichkeit entspricht? Unfähigkeit auf unserer Seite, den rechten Ton anzuschlagen? Das könntet Ihr, auf der anderen Seite der Barrikade, uns besser sagen, als wir es Euch erklären können.

Ich bin mir darüber klar, daß es für Euch, aber auch für uns, das wichtigste ist, Eure Ideen im eigenen Haus durchzusetzen. Soweit Maßnahmen auf unserer Seite Eure Regierungen, vor allem auf außenpolitischem Gebiet, im Sinne einer Erleichterung Eurer Aufgabe beeinflussen können, dürft Ihr sicher sein, daß bei uns alles Menschenmögliche getan wird. Wenn Ihr den Wunsch hegt, diesen Dialog nicht zwischen Regierungen, sondern zwischen Menschen des Westens und des Ostens so konkret wie möglich fortzusetzen, dann fehlt es dazu gewiß nicht an Mitteln. Schon seit einiger Zeit ist der Eiserne Vorhang nicht mehr so undurchdringlich; und das allein schon ist ein großer Fortschritt.

Ich darf noch erwähnen – um mich vorzustellen –, daß ich sechseinhalb Jahre meines Lebens in

Rußland verbrachte, teils während der Endphase des Kampfes zwischen Stalin und Trotzki, teils in den letzten Jahren des Krieges und unmittelbar darauf.

»Ich teile Ihre Meinung...«

Ich selbst bin, und mit mir, so glaube ich, die meisten meiner Landsleute, mit Ihnen der gleichen Ansicht über die apokalyptischen Folgen eines eventuellen Atomkrieges zwischen Rußland und den Vereinigten Staaten; Ihre Definition des »kollektiven Selbstmords« deckt sich mit meiner. Ich teile auch Ihre Meinung, daß unsere Welt, wenn sie wirklich den Namen »zivilisierte« Welt verdienen will, die Pflicht hat, ernsthaft gegen den Hunger und die Krankheiten zu kämpfen, die heute noch der Fluch eines großen Teiles der Menschheit zu sein scheinen.

Einverstanden bin ich auch damit, daß es Probleme gibt, wie die »Vergiftung« der natürlichen Umwelt in all ihren Aspekten, die unsere Regierungen wegen der schlimmen Auswirkungen in Gegenwart und Zukunft weit mehr interessieren müßten als die Ausweitung ihrer politischen und sonstigen Macht in diesem oder jenem Winkel der Erde. Diese Probleme können nur in ehrlicher Zusammenarbeit aller entwickelten Länder gelöst werden.

Weniger Ihrer Meinung bin ich, wenn Sie von der Möglichkeit einer Besteuerung unserer Völker mit 20 Prozent des Volkseinkommens sprechen, um die notwendigen Mittel für den Kampf gegen Unterentwicklung und Hunger aufzubringen. Zwar bin ich auch der Meinung, daß ein Opfer in diesem Umfang das unerläßliche Minimum für die Lösung der zahlreichen Probleme auf kürzere oder längere Sicht wäre, aber ich zweifle an der Möglichkeit, daß unsere Parlamente ihre Zustimmung dazu geben.

Unsere Länder haben ein demokratisches Regime, und die Regierung hat keine Möglichkeit, dem Volk ein Opfer aufzuerlegen, dem es nicht zustimmt. Ich gebe Ihnen recht, das ist ein Beweis von Egoismus, aber der Egoismus des Volkes, wobei die Arbeiterklasse gewiß keine Ausnahme bildet, ist eine Tatsache, an der man nicht vorbeigehen kann.

Die Regierung der UdSSR könnte so vorgehen, wenn sie wollte, aber nur weil sie eine autoritäre Regierung ist. Ich bezweifle, daß eine demokratische sowjetische Regierung, in der das Volk wie bei uns seinen Willen zu verstehen gibt, ebenso handeln könnte. Zur Zeit des Prager Frühlings sagten die tschechoslowakischen Führer wiederholt – unabhängig davon, ob sie die Ideen der Wirtschaftler oder die Vorstellungen der Arbeiter vertraten –, daß die Hilfe für die Entwicklungsländer in dem von Rußland von der Tschechoslowakei geforderten Umfang untragbar sei. Und das war bestimmt weniger als Ihre 20 Prozent.

Vernünftiger und realistischer erscheint mir der Vorschlag, den seinerzeit Eisenhower machte, nämlich eine wesentliche und wirkungsvolle Abrüstung vorzunehmen und dann die auf diese Weise bei den Verteidigungsausgaben gesparten Mittel den Entwicklungsländern zuzuführen. Auf diese Weise käme man wahrscheinlich auf die 20 Prozent, und dann wären sie annehmbar und könnten akzeptiert werden.

Über eines müssen wir uns allerdings im klaren sein: Eine echte Abrüstung ist ohne Kontrolle

ganz unmöglich. Bei dem augenblicklichen Mißtrauen zwischen Staaten und Staatengruppen, das
sich nicht von einem Augenblick zum anderen
ausschalten läßt, wird sich niemand mit Abrü-
stungsmaßnahmen einverstanden erklären, wenn
ihm nicht eine klare Garantie gegeben wird, daß
die andere Partei sich peinlich genau an die über-
nommenen Verpflichtungen hält.

Wir im Westen sind mit der internationalen und
übernationalen Kontrolle einverstanden. Wer sie
nicht will, seid Ihr Russen. Ihr sagt: Kontrolle ist
Spionage. Gewiß, Kontrolle ist Spionage und
muß es sein, nur handelt es sich dabei um eine
Spionage, die nicht im geheimen betrieben wird.
Man muß die Möglichkeit haben, im einen wie im
anderen Territorium zu inspizieren, um sicher zu
sein, daß keiner eine Verletzung der übernomme-
nen Verpflichtungen begeht.

Ihr sagt oder denkt vielleicht: Die im Westen
seien nicht guten Glaubens, wenn sie behaupten,
sie seien mit allem einverstanden. Ich meine, wenn
Eure Machthaber bereit wären, diese Kontrolle zu
akzeptieren, sollten sie uns auf die Probe stellen.
Stimmt der Kontrolle zu, und ich versichere Euch,

daß wir unser möglichstes tun, um auch unsere Regierungen zu zwingen, abzurüsten und sich einer strengen Kontrolle zu unterwerfen. Ich versichere Ihnen, wir sind stark genug, um das zu erreichen. Nur: die Aktion darf nicht einseitig sein.

Ich weiß nicht, ob ich nach Ihren Kategorien als ein Intellektueller, und zwar ein fortschrittlicher Intellektueller anzusehen bin. Ich halte mich dafür, auch wenn Sie vielleicht anderer Meinung sind. Wenn ich » wir « sage, so soll das nicht bedeuten, daß ich im Namen einer organisierten Gruppe spreche; ich weiß jedoch, was die Menschen in meiner Umgebung denken und wollen. Bei uns ist der Wunsch nach wahrer Entspannung sehr groß. Ich möchte es noch einmal wiederholen, wir sind entschlossen, in diesem Sinn zu arbeiten, und wir können zum Ziel gelangen. Wir brauchen nur ein Minimum von Mitarbeit auf Eurer Seite.

Denn dies ist heute der wesentliche Unterschied zwischen der östlichen und der westlichen Welt: Wir sind durchaus in der Lage, unsere Regierung zu veranlassen, zu tun und zu lassen, was wir wollen – oder auch nicht wollen. Ihr, und ich meine damit

Sie und Ihre Freunde, alle Menschen, die so denken wie Sie – von denen es sicher sehr viele gibt –, seid dazu noch nicht in der Lage.

Mit Ihrer Definition des Vietnamkrieges bin ich ganz und gar nicht einverstanden. Der Krieg in Vietnam ist nicht nur ein Krieg, den die »reaktionären« amerikanischen Kräfte gegen den Willen der Völker Vietnams führen, um zu verhindern, daß diese kommunistisch werden. Es ist vielmehr ein Krieg zwischen den Amerikanern, die nicht wollen, daß Vietnam kommunistisch wird, und dem Vietcong, der das anstrebt.

Ich glaube, wenn man wirklich ohne jeden Druck von der einen wie von der anderen Seite in Vietnam eine Volksbefragung durchführte, wäre das Ergebnis: Fort mit den Amerikanern, aber auch fort mit dem Vietcong. Das wäre übrigens wahrscheinlich auch die einzige Möglichkeit, wie Ost und West zu einem echten Frieden in Vietnam kommen könnten.

Nach alledem läßt sich nicht bezweifeln, daß die Einstellung der Bombenangriffe auf Nordvietnam und der wenn auch mangelhafte Anfang von Verhandlungen »ausschließlich« dem Druck zu verdanken sind, den ein beträchtlicher Teil der öffentlichen Meinung Amerikas ausübt – ein Teil, der sich nicht auf die Arbeiterklasse und die fortschrittliche Intelligenz beschränkt. Der Druck ist gewiß nicht auf die Belastung des amerikanischen Steuerzahlers durch den Vietnamkrieg zurückzuführen (angesichts des amerikanischen Wirtschaftsvolumens ist sie gering), sondern darauf, daß die amerikanische öffentliche Meinung das moralische Recht Amerikas, in Vietnam Krieg zu führen, anzweifelt.

Wenn Hanoi am Verhandlungstisch auch nur ein bißchen Vernunft walten läßt, können Sie sicher sein, daß eben diese öffentliche Meinung mit der aufrichtigen Unterstützung der öffentlichen Meinung in Europa den Männern, in deren Händen die Macht liegt, ihren Willen aufzwingen kann. Ich sage es noch einmal, ich glaube nicht, daß man zu einer vernünftigen Lösung kommen kann, es sei denn auf der Grundlage einer realistischen Prüfung des realen Willens des vietnamesischen Volkes.

Ebenso kann ich Ihre Meinung über die Gefahr einer Massenkultur, wie Sie sich ausdrücken, nicht teilen, eine Gefahr, die auch im Westen von vielen

Seiten angeprangert wird. Ich glaube nicht, daß meine Stellung als Präsident der RAI (Italienischer Rundfunk und Fernsehen) meine Ansichten beeinflußt. Sie werden höchstens davon beeinflußt, daß meine Stellung es mir gestattet, das Ausmaß, aber auch die Grenzen der Wirkungsmöglichkeit der Massenmedien klarer zu sehen, als andere dies tun.

Demokratisch regieren ist viel schwerer als autoritär regieren, ob es sich um eine Monarchie, um eine Diktatur des Proletariats oder um ein Polizeiregime rechter oder linker Prägung handelt. Die geschichtliche Erfahrung lehrt, daß man eine Elite zum klugen Gebrauch der demokratischen Institution erziehen kann. Aber ist dies auch bei der Masse möglich? Hier liegt das Grundproblem der Demokratie. Ich glaube, daß es möglich ist, und ich denke, die Massenmedien bahnen den Weg zu diesem Ziel.

Ich möchte jetzt zum interessantesten Teil Ihres Memorandums übergehen, zu dem Teil, den Sie Hoffnung nennen.

Wenn Sie erlauben, möchte ich die dritte und vierte Phase, die Sie angeben, beiseite lassen. Offen gestanden meine ich, daß Sie hier zuviel verlangen. Vielleicht haben die Begegnungen, die ich mit den Großen und den nicht ganz so Großen der Welt in den verschiedensten Ländern und unter den verschiedensten Regimen hatte, mich skeptisch gemacht in bezug auf die effektiven Möglichkeiten, bei Menschen viel zu erreichen. Ich fürchte, was Sie sagen, ist ein schöner Traum.

Bleiben wir also bei der ersten und zweiten Phase.

Zuallererst möchte ich bemerken: wenn Sie traditionelle dialektische Begriffe wie Arbeiterklasse und fortschrittliche Intelligenz auf die westliche Welt übertragen, teilen Sie diese in Kategorien, die wohl einmal galten, die aber durch die Evolution der sogenannten kapitalistischen Gesellschaft überwunden wurden. In den Vereinigten Staaten, die hier bei weitem die Avantgarde bilden, hat die Klasse der › white collar workers ‹ zahlenmäßig die der › blue collar workers ‹ schon überflügelt. Es ist eine einflußreiche Klasse, die aber nicht wie die Arbeiterklasse traditionellen Stils und auch nicht wie die fortschrittliche Intelligenz reagiert.

Sie erinnern sich gewiß an das Wort Lenins, daß

die sich selbst überlassene Arbeiterklasse keine
wirklich revolutionären Tendenzen, sondern kleinbürgerliche Ambitionen hat. In all diesen Jahren
haben diese Tendenzen sich präzisiert und bestätigt. Auch in Ländern wie Italien und Frankreich,
in denen die kommunistische Partei sich auf eine
breite Wählerbasis stützen kann, muß sie diesen
Instinkten nachgeben und kann sich nicht auf die
ihr von Lenin zugewiesenen Aufgaben konzen-
trieren, nämlich die Arbeiterklasse ihre wahren Interessen zu lehren.

Sie haben vollkommen recht, wenn Sie behaupten, daß es der Kommunismus war, der den An-
stoß zur Reform des Kapitalismus gab. Noch genauer: es war die Furcht vor dem Kommunismus –
aber wieviel Gutes wurde nicht im Lauf der Geschichte unter dem Einfluß der Furcht verwirklicht, wenn sie, wie Toynbee dies nannte, im Sinn
einer Herausforderung wirkte!

Man könnte sogar sagen, daß der Kommunismus, der in die Welt kam, um dem Kapitalismus
sein Grab zu schaufeln, ihn am Ende vor dem
Schlimmsten rettete, was ein Gesellschaftssystem
bedrohen kann: vor der »Verkalkung«.

Diese Wandlung ist nicht mehr rückgängig zu machen. Niemand bei uns denkt mehr an die Glorifizierung des Kapitals oder die egoistischen Ideale des Privateigentums. Bei uns liegt die Betonung heute auf der Privatinitiative, der Initiative des unabhängigen Managers, und das ist etwas ganz anderes. Die Verherrlichung der Arbeit aber ist, glaube ich, heute in der westlichen Welt nicht geringer als in der östlichen.

Unsere Gesellschaft, unsere kapitalistische Gesellschaft, wenn Sie so wollen, ist keineswegs stabilisiert. Der Prozeß der Evolution und der Anpassung ist in vollem Gang. Man möchte sogar behaupten, daß die kommunistischen Parteien und der extreme Teil der sozialistischen Parteien im Augenblick das stärkste Hindernis für die Entwicklung darstellen, weil sie weiterhin auf der Grundlage nicht mehr vorhandener Kategorien argumentieren. Die skandinavischen Länder sind zweifellos diejenigen westlichen Länder, in denen der Fortschritt am weitesten gediehen ist. Dies war nur möglich, weil der skandinavische Sozialismus sich von den Kategorien und Klassen der Marxschen Epoche befreite. Sie sind in ihrer Entwicklung den Vereinigten Staaten voraus, und sie wollen noch weiter gehen.

Keine Einmischung!

Es ist aber nicht meine Absicht, mit Ihnen zu polemisieren. Ich möchte lediglich versuchen, Ihnen so gut wie möglich einige Aspekte unserer Welt zu erklären, die Sie vielleicht nicht so gut kennen.

Darum glaube ich auch, daß wir mit dem, was Sie Konvergenz nennen, nicht auf die bedeutenden Fortschritte unserer Länder auf dem Weg des Sozialismus warten müssen. Übrigens: meinen wir beide wirklich das gleiche, wenn wir von Sozialismus sprechen?

Ich glaube, daß zur Erreichung einer ehrlichen und aufrichtigen Zusammenarbeit zwischen uns und den Ländern des sozialistischen Regimes, zur gemeinsamen Lösung der gemeinsamen Probleme – der unseren wie der der ganzen Welt – auf beiden Seiten nur die echte Anerkennung des politischen und sozialen Regimes, unter dem ein Volk zu leben wünscht, notwendig ist. Das ist ein Problem, das ausschließlich die betroffenen Völker angeht. Keine Einmischung, und dies ohne Vorbehalt!

Das erste Stadium dieser Entwicklung in Ihrer Vorstellung konzentriert sich, wenn ich Ihre Gedankengänge recht verstanden habe, vor allem auf die innere Evolution der Sowjetunion und der anderen sozialistischen Länder. Es ist also ganz und gar Eure Angelegenheit, die gewiß unsere Beziehungen zu Euch beeinflussen kann, aber nur Ihr könnt diese Entwicklung herbeiführen, und sie hat nur Wert, wenn sie ausschließlich von Euch ausgeht.

Was die zweite Phase angeht, so möchte ich zu Ihren Ausführungen noch hinzufügen, daß wir uns, was den inneren Bereich angeht, gegenseitig in Ruhe lassen müssen. Jeder soll sich nach seiner eigenen Geschichte, den eigenen Verhältnissen und Notwendigkeiten entwickeln. Es kann sein, daß, wie Sie meinen, dies zu zwei sehr differenzierten Regimen führt, sei es, daß das unsere sich dem Ihren annähert oder das Ihre dem unseren. Aber all das muß von selber kommen.

Es ist weder notwendig noch zweckmäßig, daß die Konvergenz von einem Überwiegen des Sozialismus bei uns oder einer schwächeren Ausprägung des Sozialismus bei Euch abhängig gemacht wird.

Was ist Euer Neokommunismus?

Chruschtschow hat dies Koexistenz im Wettbewerb genannt. Nach unserer Deutung bedeutet es, daß sich herausstellen muß, welches der beiden Systeme besser in der Lage ist, die Probleme unserer Gesellschaft und unserer Zeit zu lösen; welchem der beiden es zuerst und am besten gelingt, den sittlichen Prototyp zu entwickeln, den unsere Zeit fordert.

Es liegt durchaus im Bereich des Möglichen, daß es uns beiden gelingt, und dann wäre das Ergebnis des Wettbewerbs, daß wir beide ruhig weitermachen: wir mit unserem Neokapitalismus und Ihr mit Eurem Neokommunismus. Die Schwierigkeit heute ist nur, daß der Neokapitalismus zwar bereits eine Tatsache ist, aber wie sieht es mit dem Neokommunismus aus? Das fragen wir uns, und das möchten wir gerne wissen.

Die Probleme, die Sie aufwarfen, sind so zahlreich, daß sich kaum auf alle eine Antwort geben läßt. Ich wollte soweit wie möglich die Polemik vermeiden. Sie hilft nicht weiter, wenn man koexistieren will. Polemik richtet sich hauptsächlich auf das Vergangene, während das wahre Problem für uns alle in der Gegenwart und der Zukunft liegt. Die Vergangenheit spielt dabei gar keine Rolle. Sie ist auf der einen wie auf der anderen Seite in keiner Weise befriedigend. Blicken wir also lieber auf die Zukunft.

Könnt Ihr uns eine Antwort geben? Könnt Ihr auf irgendeine Art diesen Dialog fortsetzen? Ich kenne Eure Lage gut genug, um zu wissen, daß wir, wenn wir Euch schreiben, nichts riskieren, Sie und Ihre Freunde dagegen riskieren unter Umständen sehr viel. Wenn es nicht möglich ist, verstehen wir es und sagen nicht, daß alles keinen Zweck hat. Wir werden trotzdem weiter nachdenken und Euch unsere Signale senden. Wenn Ihr aber antworten könnt, würde uns das viel helfen.

So wie die Dinge liegen, bin ich nicht von der Möglichkeit einer echten Entspannung auf Regierungsebene überzeugt – und was ich da sage, ist schon ein ›understatement‹. Es ist sinnlos, jetzt darüber zu diskutieren, wessen Schuld dies ist. Wir wollen lieber sehen, was sich ober- und außerhalb der Regierungen tun läßt.

Und nun, lieber Andrej Dmitriwitsch, noch einmal Dank für Ihr Memorandum, das uns allen eine große Hoffnung gegeben hat. Und viele gute Wünsche für Ihre Arbeit und die Ihrer Freunde.

Pietro Quaroni

Modell Sacharow

Für die UdSSR wäre ein Dialog
kein Risiko

Von William Hayter

Was am Sacharow-Memorandum so erfrischend
wirkt, ist sein ausgewogener Ton. Die meisten Erklärungen, die aus der Sowjetunion kommen, sind
in einer rüden, argwöhnischen und aggressiven
Sprache abgefaßt; im allgemeinen werden alle Mo-
tive nichtsowjetischer Personen und Institutionen
in Frage gestellt, und jede Tatsache, die eine andere
als die gewünschte Deutung zuläßt, wird ganz einfach ignoriert.

Dies hat zu dem Eindruck geführt, daß ein wirk-
licher Dialog mit den Sowjets unmöglich sei. Zwar
haben Optimisten immer angenommen, daß es
hinter der abweisenden Fassade der UdSSR auch
Leute gibt, die nicht nur in der Lage, sondern so-

gar begierig seien, mit der Außenwelt zu sprechen. Doch war es bisher nicht leicht, Bestätigung für diese Hoffnung zu finden.

Jetzt liegt eine solche Bestätigung vor. Sacharow kann einfach kein Einzelfall sein – und wer je an einer der ost-westlichen Pugwash-Konferenzen teilgenommen hat, weiß aus Erfahrung, daß er in der Tat kein Einzelfall ist. Nun ist es keineswegs so, daß Sacharow bourgeoise oder kapitalistische oder ganz einfach westliche Vorstellungen akzeptierte; seine sozialistischen Überzeugungen treten sehr deutlich zutage, sie sind ganz offenbar fest verwurzelt und tief empfunden. Aber Sacharow ist frei von jenem sowjetischen Hochmut, der davon ausgeht, daß alle Tugenden allein in Moskau zu Hause sind.

Auch was die Beurteilung seiner eigenen Landsleute angeht, ist er sehr ausgewogen. So hat er für Chruschtschow sowohl Lob wie Tadel. Und seinen Hauptgegner Trapeznikow, Direktor der wissenschaftlichen Abteilung des ZK, den er als einen der einflußreichsten Repräsentanten des Neostalinismus bezeichnet, nennt er »fraglos intelligent, schlau und in seinen Auffassungen in hohem Maße folgerichtig«. Sacharow erklärt überdies, er werde seine Kritik zurückziehen, sollte sie sich als unfundiert erweisen. In der Tat ist kein größerer Gegensatz denkbar als der zwischen einer solchen Feststellung und den üblichen zoologischen Termini, mit denen sowjetische Autoren gemeinhin ihre Gegner belegen.

Nachdem der sowjetische Wissenschaftler sich durch den gemäßigten Ton seiner Argumentation und durch die so vernünftige wie vorurteilsfreie Behandlung dorniger Fragen wie Vietnam, den Nahen Osten oder die Situation der amerikanischen Neger ausgewiesen hat, legt er seine positiven Vorschläge dar. Dabei geht er von der Prämisse aus, daß die amerikanisch-sowjetische Rivalität derzeit die größte Gefahr für die Welt darstellt. Sodann entwickelt er eine Reihe von Anregungen, wie man diese Gefahr beseitigen oder mindestens reduzieren könnte.

Natürlich ist sein Memorandum in erster Linie für seine eigenen Landsleute bestimmt, und deshalb zielen die meisten seiner Vorschläge auf Aktionen, die eben diese Landsleute unternehmen müßten. Was der Westen dabei zu tun hätte, überläßt er in kluger Weise dem Westen, mit einer Einschränkung freilich – daß vieles von dem, was er vorschlägt, nur durch gemeinsame Schritte beider Seiten verwirklicht werden könnte.

Und hier beginnen die Schwierigkeiten. Man darf Sacharow nicht vorwerfen, er sei ein blinder Optimist. Dafür sieht er die Schwierigkeiten und Gefahren viel zu deutlich. Aber andererseits erfordern seine Zukunftsprogramme ein solches Maß von vertrauensvoller Zusammenarbeit zwischen der Sowjetunion und den Vereinigten Staaten, daß wohl nur wenige Zeitgenossen erwarten werden, diese Vorschläge könnten noch zu ihren Lebzeiten in die Tat umgesetzt werden. Kann man sich denn wirklich vorstellen, daß der Kongreß der Vereinigten Staaten oder etwa das britische Parlament eine zwanzigprozentige Besteuerung des Sozialprodukts beschließen würde? Wo doch diese Länder und andere Staaten des Westens in der Vergangenheit eine viel höhere Entwicklungshilfe bereitgestellt haben als die Sowjetunion.

So gesehen fällt es überaus schwer, auf eine baldige Verwirklichung von Sacharows internationalem Programm zu hoffen. Aber auch das Programm, das er für die Sowjetunion selbst entwirft, scheint dem gegenwärtigen Trend zu widersprechen. Abschaffung der Zensur? Nachdem Sacharow sein Memorandum geschrieben hatte, fiel die Sowjetunion in die CSSR ein – nicht zuletzt, um eine Abschaffung der Zensur zu verhindern. Menschenrechte? Sacharow selbst verweist auf jüngste Beispiele, in denen diese Rechte auf schreckliche Weise verletzt worden sind. Die Entlarvung Stalins? In Wahrheit schreitet seine Rehabilitierung voran. Wirtschaftsreformen? Gegenwärtig ist die Sowjetunion das konservativste Land Europas, und sie hat Wirtschaftsreformen, als Beispiel sei wiederum die Tschechoslowakei genannt, mit Gewalt unterbunden.

Gewiß würde Sacharow keine dieser Tatsachen bestreiten. Ihm kommt es weniger darauf an, die Dinge, so wie sie sind, zu verdammen, als vielmehr darauf, sie zu verbessern. Und niemand kann vernünftigerweise bestreiten, daß bei einer Realisierung seiner Vorschläge die ganze Welt – insbesondere die Sowjetunion selbst – glücklicher, gesünder und sicherer sein würde als heute. Würde Moskau auf den von Sacharow vorgezeichneten

Kurs einschwenken, dann brauchten sich seine Führer über die Reaktion auf der anderen Seite gewiß keine Sorgen zu machen.

Was der sowjetische Wissenschaftler vorschlägt, würde nämlich in Wahrheit sein eigenes Land stärken – nicht schwächen. Aber selbst wenn eine solche Schwächung einträte (und es sei wiederholt: sie wird nicht), hätte der Kreml keinen Anlaß zur Sorge, daß der Westen aus einer solchen Schwächung der Sowjetunion Nutzen ziehen würde. Denn die Stimmung im Westen, in den USA wie überall sonst, zielt gegenwärtig nicht auf Expansion, sondern vielmehr auf Frieden und Ruhe. Wenn man die Russen › davon ‹ wirklich überzeugen könnte, dann wären sie vielleicht bereit, das Sacharow-Programm zu übernehmen – zu ihrem eigenen gewaltigen Vorteil, aber auch zu unserem.

Doch ist es möglich, sie zu überzeugen? Das Maß gegenseitigen Nichtverstehens ist so groß wie je zuvor – vielleicht größer. In den Tagen Chruschtschows (und vielleicht werden wir auf sie schon bald als auf eine Art »goldenes Zeitalter« zurückblicken) gab es in Moskau ernsthafte Anstrengungen, den Westen zu verstehen und Kontakte anzu-

bahnen. Chruschtschow hat diese Politik oft unge-
schickt gehandhabt – von Kuba und Berlin gar
nicht zu reden –, und auch die Reaktion des Westens war nicht selten tolpatschig und zögernd.
Aber immerhin gab es Fortschritte – mochten sie
auch häufig der Leninschen Devise gleichen:
»Zwei Schritte vorwärts, einen Schritt zurück.«
Gibt es solche Fortschritte heute immer noch?

Insgesamt herrscht heute im Westen der Eindruck, daß die gegenwärtigen sowjetischen Führer
nicht in der Lage und ganz gewiß nicht bereit dazu
sind, irgendwelche Gesichtspunkte außer ihren
eigenen oder irgendwelche Interessen außer ihren
eigenen gelten zu lassen. Chruschtschow bewegte
sich von Stalin weg, und er bemühte sich, wenn
auch zögernd, die stalinistische Vergangenheit zu
überwinden. Er glaubte an Experimente und Wandel, mochten auch die Experimente nicht immer
gelingen und mochte der Wandel nicht immer zum
besten ausfallen. Die Führer, die heute in Moskau
regieren, scheinen sich festgefahren zu haben oder
haben sogar den Rückwärtsgang eingeschaltet.
Und dies ungeachtet des gewaltigen technologischen Fortschritts der UdSSR.

Kann man, angesichts der veränderten Atmosphäre in Moskau, überhaupt noch darauf hoffen, daß die Stimme der Vernunft, wie sie bei Sacharow zum Ausdruck kommt, Gehör findet? Dies ist keine rhetorische Frage. Es ist vielmehr eine Frage, die wir uns besorgt stellen müssen – deren Antwort wir aber nicht kennen.

Wir vermögen den Einfluß nicht abzuschätzen, den jene Gruppe von intelligenten, aufgeschlossenen und gemäßigten Leuten, die Sacharow repräsentiert, heute in der Sowjetunion ausübt. Vielleicht ist dieser Einfluß sehr gering. Aber vielleicht wird er wachsen. Sollte das geschehen, dann läge darin die verläßlichste Hoffnung für den Frieden und das Wohlergehen auf dieser Welt.

Der Kreml
ist schwerhörig

Die Intellektuellen und das
Sowjet-Regime

Von Louis Fischer

Unter dem Sowjetkommunismus ist der Staat gewiß nicht abgestorben, ganz im Gegenteil; wohl
aber ist das Denken vieler Sowjetbürger verküm-
mert. Furcht und Konservatismus führen zu Kon-
formismus und Apathie. Warum soll man über
politische Veränderungen nachdenken, wenn
Marx und Lenin doch die letzten Wahrheiten
längst verkündet haben? Der Kreml proklamiert
den Marxismus-Leninismus als unersetzbares, un-
zerstörbares Dogma und die Kommunistische Partei als unfehlbar.

Das allein würde schon ausreichen, das Denken
zu hemmen. Doch obendrein sind die Sowjetführer
seit Jahrzehnten Meister der Meinungsmanipula-

tion. Die gewünschten Reaktionen der Öffentlichkeit werden von einer ganzen Batterie von Reizen erzeugt: einerseits mit abstrakten Begriffen wie »Vaterland«, »Patriotismus«, »Sozialismus«, »Kapitalismus« und »Imperialismus«, andererseits mit konkreten Anreizen wie Orden und höchst ungleicher Entlohnung. Offiziell herrscht in der Sowjetunion Karl Marx, in Wahrheit jedoch der sehr russische Pawlow.

Einundfünfzig Jahre sind eine lange Zeit, um die sowjetischen Individuen wie Pawlowsche Hunde zu behandeln. Die Methode hat großartige Erfolge gebracht – vor allem eine intellektuelle Arteriosklerose. Das hat nicht verhindert, daß große Physiker, Chemiker und Mathematiker herangebildet wurden. Man muß einem Naturwissenschaftler nur das erforderliche Laboratorium geben, und er wird auch noch im Gefängnis funktionieren – siehe Solschenizyns Erster Kreis der Hölle. Aber der schöpferische Geist verwelkt, und so große Schriftsteller wie Solschenizyn oder Pasternak müssen im Ausland veröffentlicht werden. Auf dem Felde der Politik sind die Bedingungen noch schlechter: Da hat eine unorthodoxe Idee, eine Kritik an der fundamentalistischen Philosophie des Sowjetregimes nicht die geringste Chance.

Doch der Mensch ist ein erstaunliches Wesen. Ein despotisches Regime kann Millionen töten und die übrigen in sichtbare und unsichtbare Ketten legen. Doch irgendwie überlebt der Mensch. Je länger die Unterdrückung, desto größer das Verlangen nach Freiheit. In den letzten Jahren hat sich in der Sowjetunion ein Untergrund gebildet. Verbotene Romane, Theaterstücke, Gedichte und Aufsätze gehen als Manuskript so lange von Hand zu Hand, bis sie völlig zerlesen und zerfleddert sind. Selbst ausländische Zeitschriften und Bücher haben illegal eine große Verbreitung. Schriftsteller und Literaturkritiker bombardieren die Bürokraten im Kreml mit leidenschaftlichen Protesten gegen die Zensur; und wenn sie darauf auch keine Antwort bekommen, so erreichen sie damit doch Tausende von sowjetischen Bürgern und noch mehr Leser im Ausland.

Sowjetisches Kasten-System

Aber soweit wir wissen, hat es noch nie ein so hartes Verdammungsurteil aus der Feder eines Sowjetbürgers gegeben wie das bemerkenswerte Memorandum des Akademiemitglieds Andrej D. Sacharow, den man oft den »Vater der sowjetischen Wasserstoffbombe« nennt. Das Memorandum ist voll von Informationen über das Leben in der Sowjetunion und von aufrüttelnden Gedanken zur Innen- und Außenpolitik. Schon die Entstehungsgeschichte des Memorandums ist aufschlußreich.

Sacharow schrieb einen ersten Entwurf, der in mehreren Kopien unter seinen Kollegen und Freunden verbreitet wurde. Sacharow las deren Kommentare und schrieb dann einen zweiten und vermutlich einen dritten Entwurf, denn er spricht von »Vorentwürfen«, ehe der endgültige Text formuliert wurde. Das Memorandum, so schreibt der Physiker, wendet sich »an die Führung unseres Landes, an alle seine Bürger und an alle Menschen guten Willens in der Welt«. Sacharow ist sich »des kontroversen Charakters« vieler seiner Feststellungen bewußt. Deshalb hofft er auf eine »offene und öffentliche Diskussion«.

Das Memorandum, das vom Juli 1968 datiert, hat außerhalb der Sowjetunion große Publizität gefunden, aber bislang keine innerhalb der UdSSR, obwohl man sicher sein kann, daß es dort eine breite Öffentlichkeit gefunden hat.

Es hat in der Sowjetunion schon immer Kritik daran gegeben, daß Fabriken schlecht geführt werden, die Ernte verkommt, neue Erfindungen ungenutzt bleiben – Kritik auch an innenpolitischer Opposition und ausländischen »Verschwörungen«. Aber nicht einmal Leo Trotzki rührte an den Grundübeln des Systems. Selbst im größten Zorn blieb er dabei: die Kommunistische Partei war immer im Recht, die Sowjetunion war ein »Arbeiterstaat«, und der marxistische Sozialismus war »wissenschaftlich«. Sacharow dagegen hat für derlei Gerede nichts übrig. In seinem ersten Absatz schreibt er, daß »bei der wissenschaftlichen und technologischen Intelligenz große Besorgnis über die Grundsätze und die besonderen Aspekte der Außen- und Innenpolitik und über die Zukunft der Menschen herrscht. Diese Besorgnis

167

wird vor allem dadurch wachgehalten, daß innerhalb von Politik, Wirtschaft, Kunst, Erziehung und auch des Wehrwesens die Wissenschaft als Methode noch immer keinen Eingang gefunden hat.«

Dieser erste Absatz zeigt, daß Sacharow nicht nur für sich allein spricht; er ist ein offener Angriff auf die KPdSU, die alle Bereiche der Politik lenkt und die höchste Gewalt in der Sowjetunion innehat. Der Physiker geht sogar noch weiter. Er wendet sich gegen die »lauten Forderungen«, die Intelligenz in der Sowjetunion, in Polen und in anderen sogenannten sozialistischen Ländern müsse »ihre Ziele dem Willen und dem Interesse der Arbeiterklasse unterordnen«. Diese Forderungen bedeuten, meint Sacharow, »in Wahrheit die Unterordnung unter den Willen der Partei oder, genauer, unter den Parteiapparat und seine Funktionäre«.

Diese Ausführungen sind ein erfrischendes Beispiel dafür, wie bislang unbestrittene Klischees wissenschaftlich in eine konkrete politische Sprache übersetzt werden. Das bringt Sacharow zu der unerhörten Frage: »Wer garantiert dafür, daß die

Funktionäre immer die wahren Interessen der Arbeiterklasse als Ganzes vertreten, das wahre Interesse am Fortschritt statt ihres eigenen Interesses als Kaste?«

Es ist der Gipfel der Ketzerei und der Gipfel der Weisheit, das Problem so zu stellen. Der 47jährige Wissenschaftler hat viel Mut; er begnügt sich nicht mit Abstraktionen; er formuliert seine Anklage präzise, und er stellt unerfreuliche Vergleiche an. Er setzt die Regime Hitlers, Stalins und Maos gleich: sie alle basieren auf Mythen; das Regime Hitlers auf dem Mythos »von der jüdischen Gefahr, dem antisemitischen Intellektualismus und dem Konzept des Lebensraums«; das Regime Stalins auf dem Mythos »der Verschärfung des Klassenkampfes und der proletarischen Unfehlbarkeit, aufgepolstert durch den Stalin-Kult und die Übertreibung der Gegensätzlichkeiten von Kapitalismus und Sozialismus«; das Regime Maos auf »einem extremen chinesischen Nationalismus und der Wiederauferstehung des Lebensraumkonzepts, auf Antiintellektualismus, Antihumanismus und gewissen Vorurteilen eines Agrarsozialismus«.

Sacharow sieht auch eine Analogie zwischen

den Methoden der drei Despoten der neueren Geschichte, zwischen Chinas Roten Garden, der SA Nazideutschlands und der terroristischen Bürokratie »des Typs Eichmann, Himmler, Jeschow und Beria«. Er schreibt Hitlers Aufstieg zur Macht dem »deutschen und internationalen Monopolkapital« zu. Aber er vergißt nicht »die verbrecherisch-sektiererische und dogmatisch-engstirnige Politik Stalins und seiner Genossen«, die Hitler dadurch die Bahn ebneten, daß sie bewußt den Graben zwischen der deutschen Sozialdemokratie und den Kommunisten noch vertieften.

Als sowjetischer Humanist ist Sacharow von den Verbrechen, die an seinem eigenen Volk verübt worden sind, besonders betroffen. Er erklärt, daß »mindestens 10 bis 15 Millionen« Menschen dem stalinistischen Terror zum Opfer fielen. Dazu kommen die Opfer der »Tragödie von 1941«, als Hunderttausende sowjetischer Soldaten fielen und noch mehr gefangengenommen wurden, nur wegen Stalins »blindem Glauben an die ›Vernunft‹ des Verbrechergenossen Hitler...«. Damit verurteilt Sacharow den deutsch-sowjetischen Pakt samt Zusatzprotokoll vom 23. August 1939.

Sacharow weist auf eine »Tausend-Seiten-Mono-
graphie von R. Med Vedew über den Ursprung
und die Entwicklung des Stalinismus« hin. »Sie ist
von einem sozialistisch-marxistischen Standpunkt
aus geschrieben... nur unglücklicherweise ist sie
bis heute nicht veröffentlicht worden.« Sacharow
hat Med Vedews Arbeit gelesen; umgekehrt las
Med Vedew Sacharows Memorandum und ent-
deckte darin »wesentliche Elemente«. So vollzieht
sich die höfliche Debatte im sowjetischen Untergrund.

Sacharow lobt die Geheimrede des ehemaligen
Parteichefs Nikita Chruschtschow in der Nacht
vom 24. zum 25. Februar 1956. Diese Rede wird
zwar unter der Rubrik »Chruschtschow« in der
Großen Sowjet-Enzyklopädie erwähnt, gedruckt
aber wurde sie in der Sowjetunion bis heute nicht.
Sacharow meint, mit dieser Rede sei es nicht getan. Er will, daß die Sowjetregierung »alle authen-
tischen Dokumente, einschließlich des Archiv-
materials des NKWD, veröffentlicht« und »im
ganzen Land Untersuchungen« des stalinistischen
Terrors beginnt. Sacharow erklärt, daß 1964 die
KPdSU unter Chruschtschow vorhatte, die »sym-

bolische Ausstoßung Stalins, des Mörders von Millionen von Parteimitgliedern, zu verkünden« und gleichzeitig »die Opfer des Stalinismus politisch zu rehabilitieren«. Aber das wurde »nie ausgeführt...«. Es wurde nie ausgeführt, weil Chruschtschow gestürzt wurde, und einer der Hauptgründe für diesen Sturz war wohl seine Absicht, die Entstalinisierung weiter voranzutreiben (ein anderer Grund war ein für den Januar 1965 in Bonn geplantes Treffen mit Bundeskanzler Erhard).

Das Gespann Breschnjew–Kossygin betreibt nicht Entstalinisierung, sondern, im Gegenteil, Restalinisierung – nach innen und nach außen. Sacharow spricht in diesem Zusammenhang von »einigen schändlichen Tendenzen, die in den letzten Jahren deutlich geworden sind...«. Er erwähnt nur »einige vereinzelte Beispiele«, vor allem die Tatsache, daß »die lähmende Zensur der sowjetischen künstlerischen und politischen Literatur wiederum verschärft worden ist«. Und er ruft aus: »Ist das nicht eine Schande?« Er fährt fort: »Ist es nicht schandbar und gefährlich, immer häufiger Versuche zur öffentlichen Rehabilitierung

Stalins, seiner Genossen und seiner Politik, seiner pseudosozialistischen terroristischen Bürokratie zu machen...?«

Sacharows Forderung: »Eine progressive Neuordnung des Herrschaftssystems« in Rußland und anderswo durch die Ausdehnung geistiger Freiheit. »Das haben«, so schreibt er, »insbesondere die Tschechoslowaken verstanden, und es kann kaum ein Zweifel darüber bestehen, daß wir ihre kühne Initiative, die für die Zukunft des Sozialismus und der ganzen Menschheit so wichtig ist, unterstützen sollten.« Er plädiert für politische und ökonomische Unterstützung der ČSSR durch die Sowjetunion.

Seit Sacharow dies schrieb, hat Moskau den Reaktionären in der UdSSR, im Sowjetblock und in allen kapitalistischen Ländern geholfen – mit dem Einfall in die Tschechoslowakei. Schon vor langer Zeit hat der Kreml die Fahne der Konterrevolution aufgezogen. Manche haben es nicht bemerkt. Aber heute ist es für die ganze Welt sichtbar.

Sacharow gibt sich nicht mit Beobachtung, Analyse und Kommentar zufrieden. Er umreißt eine Therapie. Er schlägt – wo nötig – ein Vielparteiensystem vor. In der Sowjetunion hält er es für notwendig, weil er »annimmt, daß ein Mehrparteiensystem in manchen Fällen eine unvermeidliche Stufe in der Abfolge der Ereignisse sein wird, wenn eine herrschende kommunistische Partei aus dem einen oder anderen Grund sich weigert, nach der von der Geschichte vorgeschriebenen wissenschaftlich-demokratischen Methode zu regieren«. Damit trifft er das Kernstück des Leninismus – die Monopolstellung der Partei, die in der Verfassung der Sowjetunion verankert ist.

Sacharows Gedanken sind eben kein Reflex auf Pawlowsche Reize, die ihren Ursprung im Kreml haben. Es ist interessant zu wissen, wie solch ein Mann unsere Welt und die Rolle Rußlands in ihr sieht. Sacharow konnte nicht ungehindert ins Ausland reisen, er konnte sich auch nicht frei mit ausländischen Kollegen treffen. Deshalb ist diese Sicht der internationalen Politik aus der Sowjetperspektive besonders faszinierend.

Der Kommunismus ist zu kalt und unwirklich, die sozialistische Praxis allzu fern dem Ideal, als daß sie Begeisterung in der Sowjetunion hervorrufen oder dem Regime im Kreml breiten Rückhalt in der Bevölkerung verschaffen könnte. Deshalb hat die sowjetische Führung vor vielen Jahren die papierenen Ziele des Marxismus-Leninismus durch Nationalismus ersetzt. Moskau predigt den Sowjetbürgern einen wilden, kleinkarierten Nationalismus. Nebenprodukt dieser Haltung ist ein energisches Streben nach Expansion und Vormachtstellung. Sacharows Wissen über Atomwaffen läßt ihn weit über diesen nationalistischen Ansatz hinauskommen. Er betont

– »die enorme Zerstörungskraft einer Atomexplosion«;

– »die verhältnismäßig billige Herstellung von nuklearen Sprengköpfen, deren Herstellung nicht teurer ist als zum Beispiel die Produktion von Militärflugzeugen, die während des Krieges zu Zehntausenden fabriziert wurden«;

– »die praktische Unmöglichkeit der Verhinderung eines massiven nuklearen Raketenangriffs« (er gibt einem Anti-Raketen-Abwehrsystem keine Chance, weil dem »zur Zeit unüberwindliche« Hemmnisse entgegenstehen).

Im Atomzeitalter ist also der Krieg nicht mehr, wie Clausewitz es formulierte – und wie Lenin

Clausewitz zitierte –, die Fortsetzung der Politik mit anderen Mitteln. Ein Atomkrieg, so meint Sacharow, wäre »der allgemeine Selbstmord«! Unter diesen Umständen ist »jede Handlung, die die Teilung der Menschheit fördert, jedes Predigen der Unvereinbarkeit der Weltideologien und der Nationen (und derlei Predigten kann man in der Sowjetunion jeden Tag hören) Irrsinn und ein Verbrechen«.

Sacharow empfiehlt der UdSSR, den USA und den kleineren Mächten eine neue Außenpolitik: Sie müssen die traditionelle politische Strategie aufgeben, die auf »ein Höchstmaß an Verbesserung der eigenen Stellung« gerichtet ist und »dem Gegner ein Maximum an Unbehagen bereitet, ohne Rücksicht auf allgemeine Wohlfahrt und gemeinsame Interessen«.

Den Experten der Realpolitik klingt das sicher naiv und undurchführbar. Die Alternativen aber – selbst wenn sich ein Krieg zwischen den beiden Supermächten vermeiden läßt – sind ständig steigende Wehretats, und das kann nur bedeuten: Senkung des Lebensstandards, mehr Macht für die Militärs und Verstärkung repressiver politischer Tendenzen. Kalter Krieg im großen Rahmen und lokale heiße Kriege würden ebenfalls dazu beitragen, daß die Regierungen auch in Zukunft ihren Rang in der Welt auf Kosten anderer verbessern wollen. Entwicklungsländer sind dann Objekte des Machthungers, nicht der uneigennützigen Unterstützung. Für Professor Sacharow ist die Frage besonders wichtig, ob die afroasiatischen Länder ihren ökonomischen Rückstand aufholen können.

Was der Physiker vor allem fordert, ist die friedliche Koexistenz – aber nicht nach Moskauer Rezept. Sacharows friedliche Koexistenz schließt auch die Ideologie ein; gerade Moskau klammert sie aus. Er führt die Vorstellung, in den Vereinigten Staaten oder in irgendeinem entwickelten Land könne eine Revolution stattfinden, ›ad absurdum‹: »Eine Revolution, die den wirtschaftlichen Fortschritt länger als fünf Jahre aufhalten würde, scheint kein wirtschaftlich vorteilhaftes Unternehmen für die arbeitenden Menschen zu sein. Ich spreche dabei nicht einmal von dem Blutvergießen, das bei einer Revolution unvermeidlich ist. Und ich spreche auch nicht von der Gefahr des ... Stalinismus«, der auf eine Revolution folgt.

Dieser Mann denkt. Marx und Engels erwarteten Revolutionen in hochindustrialisierten Ländern mit einer großen, verelendeten Arbeiterklasse. Lenin übernahm diese Ansicht, aber er machte eine Revolution in einem Agrarstaat, der sich im Kriegszustand befand. Dasselbe tat Mao nach Jahrzehnten des Bürgerkrieges. Aber die Versuche Moskaus, 1918, 1919, 1921 und 1923 in Deutschland eine Revolution in Gang zu setzen, mißlangen; trotz Niederlage, Inflation, fremder Besatzung und Reparationen hielt das Gesellschaftssystem stand. Die Geschichte hat Marx widerlegt. Kein hochentwickeltes Land hat eine Revolution erlebt. Sacharow hat Marx und die Geschichte studiert. Und er nimmt die Geschichte ernster als Marx.

Sacharow spießt noch ein anderes beliebtes Klischee sowjetischer und anderer sogenannter Marxisten auf: »Es gibt keinen Grund für die Behauptung, daß die kapitalistische Produktionsweise die Wirtschaft in eine Sackgasse führe, und es gibt ganz gewiß auch keine Veranlassung zu der

Behauptung, daß der Kapitalismus immer zur absoluten Verarmung der Arbeiterklasse führe.« Andererseits meint er, daß »wir« – in der Sowjetunion – »die Vitalität des Sozialismus demonstriert haben, der in materieller, kultureller und sozialer Hinsicht viel für das Volk geschaffen und wie kein anderes System den moralischen Wert der Arbeit demonstriert hat«. Letzteres möchte ich bezweifeln. Die sowjetische Führung redet endlos von dem moralischen Aspekt der Arbeit. Der Arbeiter aber arbeitet fürs Geld. Die Kremlpropaganda – Sondereinsatz fürs Vaterland, um den Jahresplan bis zum 7. November zu erfüllen, um die Produktion zu Ehren von Lenins 100. Geburtstag zu erhöhen – ist lediglich eine Variante der staatsmonopolistischen Ausbeutung der Arbeiterklasse.

Sacharow huldigt nur wenigen sowjetischen Göttern. Er will gerecht sein, will zu Hause und im Ausland das Gute und das Schlechte abwägen. Er will »vermeiden, ein idyllisches Bild« der Sowjetunion zu zeichnen. Er erwähnt die Ungleichheit von Stadt und Land, spricht von einigen bevorzugten Städten (wo man ausländische Touristen hinführt) und vielen, die vernachlässigt wor-

den sind. »Vierzig Prozent der sowjetischen Bevölkerung leben in schwierigen wirtschaftlichen
Verhältnissen. In den USA leben etwa 25 Prozent
der Bevölkerung am Rande der Armut.« Er verurteilt das Engagement Amerikas im Vietnamkrieg: »Nichts untergräbt die Möglichkeit einer
friedlichen Koexistenz mehr als die Fortsetzung
des Krieges in Vietnam.« Andererseits »liegt im
Nahen Osten die unmittelbare Verantwortung
nicht bei den USA, sondern bei der Sowjetunion«
(wie 1948 und 1956 bei Großbritannien).

Moskaus »Abbruch der Beziehungen zu Israel
scheint ein Fehler«. Er verurteilt die Praktiken des
kalten und heißen Krieges auf beiden Seiten: »Alle
militärischen und militärisch-wirtschaftlichen Formen des Exports von Revolution und Konterrevolution sind illegal und gleichbedeutend mit Aggression.«

Konterrevolutionäres Moskau?

Die Schwierigkeit ist nur, daß beide Supermächte
»die Konterrevolution exportieren«. Aber Begriffe wie »Revolution« und »Konterrevolution«

werden so undifferenziert verwendet, daß sie ihre Bedeutung verloren haben. Jeden Nachmittag macht irgendeine Universität in den Vereinigten Staaten eine »Revolution«, und abends schreiben die Studenten an ihre kapitalistischen Väter und bitten um einen höheren Monatswechsel. Ist Moskau revolutionär oder konterrevolutionär?

Die sowjetische Außenpolitik ist zumindest seit dem 23. August 1939 imperialistisch. Der Kreml hat die Konterrevolution in die ČSSR exportiert, weil er sich selbst exportiert hat. Die beiden Supermächte und alle reichen Industrienationen sollten ihre wirtschaftliche Macht zu Hause behalten und in die Entwicklungsländer nur das exportieren, was diese Länder brauchen: technologisches Wissen, Rohstoffe und eine gewisse Beteiligung bei der Kapitalbildung einheimischer Unternehmen.

Selbst der kluge Kopf eines großen Wissenschaftlers ist nicht völlig immun gegen Pawlowsche Reize, die oft auf das Unterbewußtsein wirken. So irrt Sacharow, wenn er schreibt: »Nur der Wettbewerb mit dem Sozialismus und der Druck der Arbeiterklasse haben den sozialen Fortschritt für das 20. Jahrhundert ermöglicht.« In der kapitalistischen Welt begann der soziale Fortschritt nicht am 7. November 1917; für ein Jahrzehnt und mehr nach diesem Datum war Rußland ein Modell der Mangelwirtschaft, nicht des Fortschritts. Druck der Arbeiterklasse, ja, aber dazu kam das Eigeninteresse der Kapitalistenklasse.

Andrej D. Sacharow, der Gesellschaftsphilosoph, ist ein wertvolles Geschenk für die Sowjetunion und die ganze Welt. Gibt es elf Sacharows in der UdSSR? Was, wenn sie die elf politisch verkalkten Mitglieder des Politbüros ersetzten? Die tausendjährige Tradition der Tyrannei in Rußland würde ihr Tun hemmen. Aber sie könnten die Politik gewaltig ändern, so, wie es Stalin im negativen Sinne, Chruschtschow im positiven und Breschnjew, Kossygin, Scheljest und Scheljepin wieder im negativen getan haben.

Sacharow hatte die etwas naive Hoffnung, sein Memorandum werde eine große Debatte in seinem Land entfachen. Die Hoffnung war vergebens – obwohl heute zweifellos im Untergrund darüber geredet wird. Ausländer können durch dieses Memorandum einiges über die Sowjetunion und über sich selbst lernen. Sacharow selber ist vor Gefängnis und Konzentrationslager sicher – das sowjetische System braucht sein Genie als Physiker. Solschenizyn ist wegen seiner Veröffentlichungen im Ausland nicht bestraft worden, weil er Rußlands größter Schriftsteller ist. Der Kreml ist schwerhörig, aber er kann sich der öffentlichen Meinung in der kapitalistischen Welt nicht ganz verschließen.

Es wird immer später

Gedanken zum
Sacharow-Memorandum

Von Heinrich Böll

In dem Augenblick, da das Vernünftige ausgesprochen oder hingeschrieben wird, wird es immer
als utopisch verlacht, bestenfalls als poetisch oder
prophetisch abseits gestellt. Was die deutsche Regierung im Jahre 1969 nun so krampfhaft sucht,
das sogenannte Gespräch mit Moskau, wurde von
vernünftigen deutschen Publizisten schon vor 1950
vorgeschlagen, und als das erste » Gespräch mit
Moskau« dann stattfand, brachte es nicht viel mehr
ein als ein deutsches Botschaftsgetto in Moskau und
ein sowjetisches Botschaftsgetto in Rolandswerth,
und schon 1957 war es wieder diffamierend, von
den Bürgern der Sowjetunion auch nur als » Menschen« zu sprechen. Jene klägliche Denunzia-
tionsschrift des kläglich gescheiterten Komitees

»Rettet die Freiheit« ist allzu rasch vergessen worden, vergessen, weil der miese Trubel scheiterte, und doch waren Politiker, die heute noch Töne angeben, seine Initiatoren.

Vor zwei Jahren noch riskierte einer seinen guten Ruf, wenn er für die Beendigung des Krieges in Vietnam plädierte; heute sitzen die Vertreter des Vietcong gleichberechtigt an einem runden Tisch. Möglicherweise wird eines Tages ein Augenzeuge ausrechnen, wie viele Tote, Verwundete, Obdachlose und Entehrte die Frage nach der ›Form‹ des Tisches gekostet hat. Was sie den Künsten vorwerfen – Formalismus –, üben die kommunistischen Politiker bis zum Übermaß, und doch stünde es eher einer Großmacht wie den USA an, Friedensverhandlungen notfalls auf einem Küchenstuhl an der Ecke eines Küchentisches zu führen. Die Kleinen, ob sie siegreich oder unterlegen sind, haben ein Recht auf Formen, sie können sich auch eine scheinbare Demütigung nicht leisten.

Das bundesdeutsche Gespräch mit Moskau wird immer und immer wieder scheitern an der ›formellen‹ Anerkennung der DDR, und wenn sie eines Tages fällig wird, wird sie tatsächlich nur noch eine Formfrage sein. Und bis zur Erledigung dieser Formfrage wird die Bundesrepublik auch nicht andeutungsweise das in Moskau haben, was man eine »gute Presse« nennt. Auch in den Beschimpfungen und Verdächtigungen steckt eine gute Menge Formalismus, fast schon Manierismus. Es sind nie die Vernünftigen, die auf Wunder hoffen; offenbar warten die Politiker auf solche, offenbar warten sie auch darauf, daß die Geschichte sich auf den Kopf stelle und verlorene Kriege zu gewonnenen werden lasse. Dieses Wunder wird nicht geschehen, und selbst das Wirtschaftswunder (das keins ist) wird die Geschichte nicht auf den Kopf stellen.

Aus Vernunft und als Sozialist, ausgestattet mit den Kenntnissen und Erkenntnissen der Naturwissenschaften und der Technologie, gibt der sowjetische Professor A. D. Sacharow einen prophetischen Ausblick auf die Zukunft der Menschheit, die ihm düster erscheint, wenn nicht... Dieser »Wenn nicht« gibt es zahlreiche in Sacharows Manifest, ich kann sie nicht alle aufzählen. Manche Probleme werden nur an-, einige ausgesprochen: Probleme der Geohygiene, der Rüstung, der mehrfachen Menschheitsvernichtungskapazität der bereits vorhandenen Atomwaffen. Er nennt den Rassismus, den Nationalismus, den Faschismus; eingehend kritisiert er nur da, wo jeder kritisieren sollte: am Leib des Staates, in dem er lebt, und da ich hier als Deutscher schreibe und Sacharow auch die »deutsche Frage« für ein ungelöstes und unheilvolles Problem hält, habe ich mit der deutschen Frage angefangen.

»Gebildet« hat sich Sacharows Manifest aus dem Milieu der wissenschaftlichen und technologischen Intelligenz, wo über Grundsätze und konkrete Fragen der Außen- und Innenpolitik und über die Zukunft der Menschheit große Besorgnis herrscht. Aus Sacharows Formulierungen spricht eine uneingeschränkte Ehrfurcht vor der Erde und ihren Bewohnern, den Menschen, eine Frömmigkeit, die man »christlich« nennen könnte, hätten die christlichen Parteien dieses Adjektiv nicht bis zur totalen Schändlichkeit verunstaltet. Und mögen die Parade-Christen nun ihr schlaues Spiel treiben und, was »christlich« am Sozialismus Sacharowscher Prägung sein mag, als »verfremdetes Christentum« bezeichnen. Ich benenne diese ehrfürchtige Frömmigkeit nach dem Geist, aus dem sie kommt: sozialistisch. Ja, verfremdet haben sich die Christen: die Arbeiter, die Wissenschaften, die Künste sind ihnen endgültig davongelaufen. Mit List und Tücke erhalten sie in den Staaten, wo sie den Ton angeben, ihre absurd lächerliche Stände-Ideologie aufrecht, entfremden krampfhaft – und bisher mit Erfolg – diejenigen, die nach Sacharow zueinander gehören: Arbeiter, wissenschaftliche Intelligenz und Künste.

Während Sacharow, der ganz und gar aus dem »materialistischen Milieu« kommt, vor jeder Kombination der kybernetischen Technik (Computer) mit der Massenpsychologie warnt, jener tödlichen Maschine, die bei uns unter den schlichten Namen »Werbung« oder »Verbrauchertest« arbeitet und die genau auszurechnen weiß, was »ankommt« – während der »Materialist« Sacharow warnt, wird das Wort »Ankommen« auch in kirchlichen Kreisen (leider auch in Kreisen kirchlichen Widerstands) immer geläufiger. Nimmt man die Christen beim Wort, die ihren »Advent«, die Ankunft, zum Ankommenwollen um jeden Preis geschändet haben, so offenbart ihre Sprache ihren Totalausverkauf. Die Ankunft, das Ankommen, vor dem Sacharow warnt, ist die An- und Niederkunft von thermonuklearen Waffen und Trägerraketen, deren Herstellung laut Sacharow bald nicht kostspieliger sein wird, als die Herstellung von Militärflugzeugen im Zweiten Weltkrieg war.

Sacharows Manifest ist ein Hilferuf der Vernunft und der Erkenntnis, der Hilferuf eines Naturwissenschaftlers, den Einsichten und Forschungsergebnisse weder zynisch noch eitel oder blind gemacht haben und der sich nicht von popularisierbaren Effekten der Wissenschaft, etwa der Weltraumfahrt, in Euphorie versetzen läßt.

Es mag schon sein, daß Schriftsteller und Künstler gelegentlich zu früh und ohne Grund außer sich geraten. Ein »zu früh« – und es gibt kaum eins – richtet keinen Schaden an, wenn die Politiker immer und immer wieder zu spät zur Vernunft kommen. Vereinfacht interpretiert, erwartet Sacharow eine Vorverlegung der Vernunft in die Politik, und es ist gewiß kein Zufall, es mag der Einsicht und Einsamkeit des Wissenschaftlers entsprechen, daß er die Abschaffung jeglicher politischen Zensur für eine unerläßliche Bedingung der Vernunft hält.

Er sieht in den Künsten und in der Literatur Bundesgenossen. Das mag auf den ersten Blick überraschen, wird bei näherem Zusehen verständlich: Während die Wissenschaftler und Technologen immer weiter ins Weltall vordringen und dort möglicherweise in der Unfaßbarkeit der Organisation des Kosmos etwas von der Unfaßbarkeit Gottes spüren, spüren sie wohl gleichzeitig auch die Trauer der Erdverlassenheit, und es könnte ihnen das, was man Kunst nennt – und man mag noch soviel Untröstlichkeit, sogar Trostlosigkeit und »Schmutz« dieser Erde »verkünden« –, als die wahre Offenbarung des Irdischen erscheinen. Aus dieser Erde, auf dieser Erde von aus Erde Gemachten für aus Erde Gemachte gemacht, wird sie zur Stimme des Menschen, Trost in der Einsamkeit und Angst in Laboratorien und an Zeichenpulten, deren Exaktheit von der Erde weg ins Unendliche führt. Ich kann mir vorstellen: Wenn da einer auf dem Weg zum Mars wäre, und es wären alle Funkverbindungen zu seiner Kommandostelle abgebrochen, und er erwischte auf Grund eines unvorhersehbaren technischen Zufalls von irgendwoher den albernsten Song, er würde wohl weinen, weil er die »Stimme der Erde« hört. Oder hörte er auf Grund eines anderen technischen Zufalls »Pornographie«: wahrscheinlich würde er da oben im Weltraum den Zensor segnen, dem sie entgangen ist. Die vernünftigste und utopischste der Sacharowschen Forderungen ist, neben den politischen für die Geohygiene, die Bekämpfung des Hungers und die Rüstungsbeschränkung, die Forderung nach Informationsfreiheit und Abschaffung der Zensur.

Was Sacharow der Sowjetregierung vorwirft, ist nicht Sozialismus, sondern der Mangel an Sozialismus. Nicht mit Vernunft, nur mit Unvernunft ist es zu erklären, daß etwa Solschenizyns Romane ausgerechnet denen nicht zugänglich sind, in deren Sprache sie geschrieben sind. Das sind Vorenthaltungen unvernünftiger Art. Solschenizyn »bewältigt nicht Vergangenheit«, er schafft Gegenwart, indem er Licht in jene düstere Periode sowjetischer Geschichte bringt, von der wir alle ›für‹ und nicht ›gegen‹ die Sowjetunion hoffen, daß sie vergangen bleibe.

Kein deutscher Roman, keiner, hat (das mag an unserer vorläufig-endgültigen Provinzialisierung liegen) so viel Licht in die Dunkelheit deutscher Vergangenheit gebracht wie Solschenizyns »Erster Kreis der Hölle«, den die Sowjetbürger im Jahre 2000 als ihr »Krieg und Frieden« des 20. Jahrhunderts erkennen werden, den sie jetzt schon nicht als Beschimpfung, sondern als Erlösung sollten begrüßen dürfen. Es gibt keinen Roman der Sowjetliteratur (keinen publizierten jedenfalls), der diesem vergleichbar wäre, gewiß nicht Pasternaks »Doktor Schiwago«. Und der »Erste Kreis der Hölle« ist von jemandem geschrieben, der 1918, also ein Jahr nach der Revolution, geboren ist. Ein vorenthaltenes Werk dieser Größe verliert nicht an Kraft, es gewinnt, weil es gegenwärtig ist.

Ist die Sowjetregierung so schwach, daß sie einen Roman, daß sie Romane zu fürchten hat? Ich kann es nicht glauben. Der Index hat der Römischen Kirche mehr Lächerlichkeit als Nutzen gebracht, und das Imprimatur-Privileg bischöflicher Kanzleien ist nur ein peinlicher Rest jener Bangigkeit vor dem Geist, der weht, wo er will. Ob die Sowjetregierung diese ihre Form des Imprimatur-»Klerikalismus« beibehalten will? Es ist schon recht, wenn Solschenizyn gegen Publikationen im Westen protestiert, solange seine Werke in der Sowjetunion nicht erscheinen dürfen, und doch möge er uns erlauben, daß wir seine Romane hier mit Freude, nicht mit Triumph begrüßen. Bis zum Jahr 1962 erfuhr ich auch nur aus der Zeitung, ob ein Buch von mir und welches in der Sowjetunion erschienen war, und doch empfand ich nichts daran als ärgerlich, obwohl ich mich durchaus nicht zu denen zähle, die den Deutschen mit Freundlichkeiten aufwarten.

Sacharows Gedanken zur Geburtenregelung sind von einer delikaten Humanität, die alle überraschen mag, die sich mit Vorurteilen gegenüber der »materialistisch« geschulten Intelligenz haben füttern lassen. Er nennt dieses Problem »heikel«, erklärt Sterilisationspläne für schlechthin »barbarisch«, hält eine standardartige, dogmatische Lösung »für alle Zeiten und alle Völker für falsch«, erkennt die »Vielschichtigkeit« des Problems, und das verkürzte westliche Geschrei derer, die blindlings »für« oder »gegen« die »Pille« sind, verblaßt dagegen zu einem demagogischen Gestammel, hinter dem man den wahren Materialismus erkennt: Angst um die Börsenkurse der Pillenhersteller oder Angst vor dem Nachwuchs an billigen Arbeitskräften.

Politik wird, so scheint es, immer zu spät mit Vernunft unterlegt: Zu spät wird eines Tages die DDR anerkannt werden, so spät, daß es auch ihren Bewohnern nichts mehr einbringt; zu spät werden unsere gewieften »Wehrpolitiker« erkennen, daß es schlecht um die geistige und gesellschaftliche Rüstung der Bundeswehr bestellt sein muß, wenn einige tausend denkender und planmäßig agierender junger Leute einen solchen Riesenapparat in Unruhe versetzen können; zu spät wird über den Frieden in Vietnam verhandelt; zu spät wird man in den USA mit der Lösung des Negerproblems beginnen; zu spät wird in Südamerika, wenn es einmal so heftig erwacht wie Afrika, eine Lösung der sozialen Probleme versucht werden; zu spät und mit Gewalt, weil die jeweils bestehende Gesellschaft die Vernunft der Wissenschaften und der Literaturen immer als »zu früh« abseits stellt. Zu spät werden die großen etablierten Kirchen erkennen, daß nicht etwas vergleichsweise so Harmloses wie eine Reformation im Gange ist, eher eine fortschreitende Explosion des für ewigkeitsbeständig gehaltenen Atoms »Gehorsam«. Zu spät werden sich Kirchen und Adel von ihren immensen Besitztümern, von ihren Schatzkammern, den peinlich-pompösen Klamotten trennen, die sie sich immer noch umhängen; zu spät werden sie erkennen, daß der Himmel den Naturwissenschaften gehört, daß die Techniker dort oben in der offensichtlich öden Unendlichkeit des Weltalls die Erde wie ein Juwel sehen und möglicherweise, ohne es zu ahnen, in der Erde jenen mit »Saphiren bedeckten Boden« des Himmels erkennen, der im Alten Testament erwähnt wird.

Einen Aspekt der westlichen Welt, den immensen Besitz der Kirchen und ihren noch bestehenden Einfluß aufs sozialpolitische Geschehen, hat Sacharow nicht berührt, wohl, weil dieser Aspekt in seiner Welt keine Realität hat und er sich auf Informationen aus zweiter oder dritter Hand nicht verlassen mag; wahrscheinlich aus Höflichkeit und Ehrfurcht, die wir, die wir in dieser westlichen Welt leben, nicht zu übernehmen brauchen. Es ist höchste Zeit, wenn nicht zu spät, daß die Kirchen sich von ihrem Himmelsidealismus ab- und der

Erde, diesem verruchten und verfluchten saphir-
blauen Juwel, zuwenden und den Materialien der
aus Erde Gemachten. Es geht nicht ums »Ankommen«, es geht um die Ankunft. Computer schluk-
ken Zahlen und Daten, Merkmale und Gewohn-
heiten, sie schlucken Löhne und Gewinne, schreiben Rechnungen, und es mag schon sein, daß sie
eines Tages Bücher schreiben und Bilder malen,
doch alles, was aus ihnen herauskommt, ist im
wahren Sinn des Wortes und konsequenterweise
demoralisiert, was bedeutet dehumanisiert. Es
bleibt da noch genug aufzuarbeiten, was nicht
Sache der Wissenschaftler und der Computer ist;
es fehlt nicht die neue Offenbarung, es fehlt die
Zersetzung der Materie Statistik durch das Licht
und die Zersetzung allzu »einleuchtender« Com-
puterergebnisse durch die Dunkelheit des verbor-
genen Schmerzes, der nirgendwo »ankommt«.

Ein ganzer Katalog von Zersetzungsaufgaben,
den die Literatur allein nicht übernehmen kann,
wartet der »am Himmel« arbeitslos gewordenen
Theologen: die Zersetzung der von Computern
diktierten Kleiderlehre, der Geldlehre, der Ar-
beitslehre, der Lehre von der Geschlechtlichkeit

des Menschen und seiner Wohnung auf dieser Erde. Den Kern von Vernunft in der Ekstase der Jugend zu erkennen, der Vernunft, die es erfordert, daß – milde ausgedrückt – bald »eine Veränderung der Besitzverhältnisse« stattfindet, die bisher geltende Lehre vom Besitz zersetzt wird.

Die fürchterliche Last des geplagten und leidenden Oberhaupts der immer noch mächtigsten Kirche, des Bischofs von Rom, ist noch zu sehr die Last des Himmels, die durch die Last an Besitztümern nicht leichter wird. Wer könnte eher als die Kirche des Bischofs von Rom auf Besitztümer verzichten? Sie, die doch keine »Nachkommen« hat. Es wird immer später.

Theorie · Philosophie · Historie · Theologie
Politik · Polemik
im Diogenes Verlag

Russische Literatur
im Diogenes Verlag

● Anton Čechov

Das dramatische Werk in 8 Bänden. Neu übersetzt, transkribiert und herausgegeben von Peter Urban. Jeder Band bringt den unzensierten Text mit sämtlichen Varianten und Lesarten, Auszügen aus Čechovs Notizbüchern, Anmerkungen und einen editorischen Bericht.
Die Möwe. Komödie in vier Akten. detebe 20091
Der Waldschrat. Komödie in vier Akten. detebe 20084
Der Kirschgarten. Komödie in vier Akten. detebe 20083
Onkel Vanja. Szenen aus dem Landleben in vier Akten. detebe 20093
Ivanov. Drama in vier Akten. detebe 20102
Drei Schwestern. Drama in vier Akten. detebe 20103
Platonov. Das ›Stück ohne Titel‹. Erstmals vollständig deutsch. detebe 20104
Sämtliche Einakter. detebe 20801

Das erzählende Werk in 10 Bänden. Verschiedener Übersetzer. Neu transkribiert, mit Anmerkungen und Nachweis der Erstveröffentlichungen von Peter Urban.
Ein unbedeutender Mensch. Erzählungen 1883–1885. detebe 20261
Gespräch eines Betrunkenen mit einem nüchternen Teufel. Erzählungen 1886. detebe 20262
Die Steppe. Erzählungen 1887–1888. detebe 20263
Flattergeist. Erzählungen 1888–1892. detebe 20264
Rothschilds Geige. Erzählungen 1893–1896. detebe 20265
Die Dame mit dem Hündchen. Erzählungen 1897–1903. detebe 20266
Eine langweilige Geschichte / Das Duell. Kleine Romane I. detebe 20267
Krankenzimmer Nr. 6 / Erzählung eines Unbekannten. Kleine Romane II. detebe 20268
Drei Jahre / Mein Leben. Kleine Romane III. detebe 20269
Die Insel Sachalin. Reisebericht. detebe 20270
Briefe 1877–1904. Übersetzt und herausgegeben von Peter Urban. 5 Bände in Kassette, zusammen 2350 S.
Alle Bände auch als Einzelausgaben.

Čechov-Chronik. Übersetzt und herausgegeben von Peter Urban

● Nikolai Gogol

Die Nase. Ausgewählte Erzählungen. Vorwort und Übersetzung von Sigismund von Radecki. Zeichnungen von Alfred Kubin. detebe 20624
Die toten Seelen. Roman. Deutsch von Philipp Löbenstein. detebe 20384

● Iwan Gontscharow

Ein Monat Mai in Petersburg. Ausgewählte Erzählungen. Deutsch von Johannes von Guenther und Erich Müller-Kamp. detebe 20625

● Jewgeni Jewtuschenko

Ausgewählte Gedichte. Nachdichtungen von Rainer Brambach, Beat Brechbühl, Paul Celan, René Drommert, Otto Jägersberg, Günter Kunert und Peter Rühmkorf. Nachwort von Gerd Haffmans. detebe 20061

● Konstantin Paustowski

Das Sternbild der Jagdhunde. Ausgewählte Erzählungen I. Deutsch von Rebecca Candreia und Hans Luchsinger. detebe 20627
Die Windrose. Ausgewählte Erzählungen II. Deutsch von Rebecca Candreia und Hans Luchsinger. detebe 20647

● Andrej Sacharow

Wie ich mir die Zukunft vorstelle. Memorandum über Fortschritt, friedliche Koexistenz und geistige Freiheit. Deutsch von E. Guttenberger. Mit einem Nachwort von Max Frisch und den Antworten an Sacharow von Marion Gräfin Dönhoff, Jean Laloy, Pietro Quaroni, William Hayter, Louis Fischer und Heinrich Böll. detebe 20116

● Jewgenij Samjatin

Attila, die Geißel Gottes. Geschichte. Deutsch von Xaver Schaffgotsch. Nachwort von Helen von Ssachno. detebe 20626

● Alexander Sinowjew

Gähnende Höhen. Deutsch von G. von Halle und Eberhard Storeck

Lichte Zukunft. Deutsch von Franziska Funke und Eberhard Storeck. Mit einer Beilage ›Über Alexander Sinowjew‹ von Jutta Scherrer

Ohne Illusionen. Interviews, Vorträge, Aufsätze. Deutsch von Alexander Rothstein

Kommunismus als Realität. Deutsch von Katharina Häußler

● **Lydia Tschukowskaja**
Ein leeres Haus. Roman. Deutsch von Eva Mathay. detebe 20008

Untertauchen. Roman. Deutsch von Swetlena Geier. detebe 20393

● **Wladimir Woinowitsch**
Die denkwürdigen Abenteuer des Soldaten Iwan Tschonkin. Roman. Deutsch von Alexander Kaempfe. detebe 20628

Brieffreundschaften. Erzählung. Deutsch von Heddy Pross-Weerth. detebe 20106

● **Liebesgeschichten aus Rußland**
Von Alexander Puschkin bis Anton Tschechow. Herausgegeben von Johannes von Guenther. Ein Diogenes Sonderband

● **Russische Kriminalgeschichten**
Von Fjodor Dostojewskij bis Iwan Turgenjew. Auswahl, Übersetzung und Nachwort von Johannes von Guenther. Ein Diogenes Sonderband

Werk- und Studienausgaben in Diogenes Taschenbüchern

● **D. H. Lawrence**
*Sämtliche Erzählungen und Kurzromane in 8
Einzelbänden.* detebe 20184–20191
Pornographie und Obszönität. Essays.
detebe 20011
John Thomas & Lady Jane. Roman
detebe 20299

● **Doris Lessing**
Hunger. Erzählung. detebe 20255
Der Zauber ist nicht verkäuflich. Afrikani-
sche Geschichten. detebe 20886

● **Carson McCullers**
Werkausgabe in 7 Einzelbänden.
detebe 20140–20146
Über Carson McCullers. Herausgegeben von
Gerd Haffmans. detebe 20147

● **Heinrich Mann**
Liebesspiele. Ausgewählte Erzählungen. Mit
Zeichnungen von George Grosz.
detebe 20100

● **Thomas Mann**
Der Bajazzo. Ausgewählte Erzählungen.
Herausgegeben von Gerd Haffmans.
detebe 20555

● **Ludwig Marcuse**
Werkausgabe in bisher 12 Einzelbänden.
detebe

● **W. Somerset Maugham**
Werkausgabe in 20 Einzelbänden.
detebe

● **Herman Melville**
Moby-Dick. Roman. detebe 20385
Billy Budd. Erzählung. detebe 20787

● **Molière**
Komödien in 7 Einzelbänden in der Neu-
übersetzung von Hans Weigel.
detebe 20199–20205
Über Molière. Herausgegeben von Christian
Strich, Rémy Charbon und Gerd Haffmans.
detebe 20067

● **Thomas Morus**
Utopia. detebe 20420

● **Sean O'Casey**
Purpurstaub. Komödie. detebe 20002
*Dubliner Trilogie: Der Schatten eines Rebel-
len / Juno und der Pfau / Der Pflug und die
Sterne.* Komödien. detebe 20034
Autobiographie in 6 Einzelbänden.
detebe 20394 und 20761–20765

● **Frank O'Connor**
Gesammelte Erzählungen in 6 Einzelbänden.
detebe

● **Sean O'Faolain**
*Ausgewählte Erzählungen in 3 Einzelbän-
den.* detebe

● **Liam O'Flaherty**
Armut und Reichtum. Erzählungen.
detebe 20232
Ich ging nach Rußland. Reisebericht.
detebe 20016

● **George Orwell**
Studienausgabe in bisher 7 Einzelbänden.
detebe
Das George Orwell Lesebuch. Herausgegeben und mit einem Nachwort von Fritz Senn.
detebe 20788

● **Konstantin Paustowski**
Das Sternbild der Jagdhunde. Erzählungen I.
detebe 20627
Die Windrose. Erzählungen II.
detebe 20647

● **Edgar Allan Poe**
Der Untergang des Hauses Usher. Erzählungen. detebe 20233

● **Saki**
Die offene Tür. Erzählungen. Zeichnungen
von Edward Gorey. detebe 20115

● **Jewgenij Samjatin**
Attila, die Geißel Gottes. Geschichte.
detebe 20626

● **Arthur Schnitzler**
Spiel im Morgengrauen. Erzählungen. Aus-
gewählt von Hans Weigel. detebe 20218

● **Arthur Schopenhauer**
Werkausgabe in 10 Bänden nach der histo-
risch-kritischen Ausgabe von Arthur Hüb-
scher. detebe 20421–20430
Über Schopenhauer. Herausgegeben von
Gerd Haffmans. detebe 20431

● **William Shakespeare**
Sonette. Deutsch von Karl Kraus.
detebe 20381
Dramatische Werke in 10 Bänden. Illustra-
tionen von Heinrich Füßli.
detebe 20631–20640
Shakespeare's Geschichten. Sämtliche Stücke
von William Shakespeare nacherzählt von
Walter E. Richartz und Urs Widmer.
detebe 20791 und 20792